瓶颈理论打破企业管理固有旧思维，变化才是不变的永恒
TOC基础工具直观、明了……夯实企业管理高效决策根本

高效决策与自运营

仲杰 著

企业管理出版社
ENTERPRISE MANAGEMENT PUBLISHING HOUSE

前　言

导入新模式，实现企业自运营

　　随着科技的日新月异、经济的飞速发展，很多企业发现企业间的竞争已经不是简单的厂房、设备、员工数量、市场份额、融资能力等方面的竞争，更多的是管理经营模式的竞争。

　　世界尖端企业管理体系中的精益生产、六西格玛不仅是国外企业希望成功导入的先进管理模式，而且也备受我们中国企业的青睐，很多企业都在尝试导入这些先进的管理方法。但是，成功运用这些管理方法的企业不是很多，有一部分企业在导入这些管理方法不久后便自动放弃了，还有一部分企业仍在坚持着。为什么我们的企业在导入这些先进管理方法的时候如此的艰难，成功机率如此低呢？其实，国外的企业导入这些管理方法的结果和我们一样，就像在一个行业内真正做得好的企业就那么几家而已，能够成功导入先进的管理方法本身就是一次企业变革。所以，导入先进企业管理方法失败的原因是在导入这些先进管理方法的过程中，过于轻视企业管理改革的难度，认为花些钱就可以做好。这个世界钱能解决的问题，别人也能解决。可见，在导入先进企业管理方法的过程中，钱不是关键，选择得当和持续推进才是关键。

　　鉴于企业家对企业管理升级的迫切需要，根据国内企业的实际经营状况，针对企业的董事长、总经理等高管和重要中层管理人员，我撰写了这本管理指导书。

许多企业在管理过程中经常会出现管理决策不当、企业整体工作效率和执行力低下等问题。面对这些问题，企业首先要解决决策方法的问题。一个管理人员，不论他是企业的高管，还是基层管理人员，他的日常工作都会涉及到企业的管理决策，高效的决策不仅可以在第一时间解决企业出现的问题，还可以预防一些问题的发生。同时，在决策的过程中，有很多决策是和资金投入相关的，如购买新设备、进行技术革新、增加营销投入等都会涉及到资金的投入。这个时候，管理人员就需要一个准确的财务决策数据，TOC 管理中的有效产出会计（TA）就可以填补企业这一块的空白。此外，管理人员在进行决策的过程中，如何确保问题的分析过程科学、高效呢？这就需要一整套完整的逻辑思维方式，TOC 管理中的思考程序 TP 就可以为企业提供一套标准的思考模型。这样一来，企业在管理过程中的各种决策行为就有了保障，企业解决危机问题的能力就得到了提升；同时，也确保员工的决策都是以企业的整体利益为目标。通过高效的决策，企业能快速实现目标，在经营过程中少走弯路。

本书通过大量的案例对企业决策中所需要的方法和观念进行详细的讲解，可以帮助企业管理人员迅速做出正确的决策。本书结合 TOC 有效产出会计、阿米巴、KPI 考核体系，给大家介绍三种有效的经营管理模式。这三种模式的操作方法各有不同，从操作难度上讲也是逐渐深入的，这样可以给企业一定的缓冲时间。也就是说，如果企业感觉自己的管理基础并不够完善，那么，就可以选取这三种管理模式中的第一种改善方案。随着企业实际操作的熟练度的提升和基础管理的不断完善、管理能力的不断提升，再逐步选择进行升级导入第二种或第三种管理模式。如果企业的管理基础和人才队伍较强，那么，企业可以一步到位，直接导入第三种管理模式。如果企业能够最终实现第二种和第三种管理模式，就等于导入了一套属于自己的"阿米巴"经营管理模式，企业的利润额一定会成倍增长。

通过先进企业管理经营方式的成功导入，企业管理就会实现真正的自运营。企业是一个共享平台，所有的人员都是这个平台上的自主经营者。这不是遥远的目标，本书将结合大量案例分步骤地告诉企业如何做。

2017 年 1 月 1 日

目 录

前　言　导入新模式，实现企业自运营

第一章　企业高效考核
　　第一节　企业要有居安思危的意识 ················· 003
　　第二节　企业考核中的效率 ····················· 004
　　第三节　TOC 有效产出会计 ···················· 011
　　第四节　企业管理自运营 ····················· 023

第二章　UTA 单元有效产出经营管理模式
　　第一节　做好最重要的三件事 ··················· 063
　　第二节　UTA 经营管理模式介绍 ················· 064
　　第三节　独立存在方式下的 UTA 经营管理模式 ·········· 066
　　第四节　绩效考核方式的 UTA 应用 ················ 089
　　第五节　战略部门考核方式的 UTA 经营管理模式 ········· 093

第三章　企业管理者如何思考
　　第一节　正确思考的前提——四观 ················ 117
　　第二节　TOC 思考程序 TP 基础知识初级学习 ··········· 132
　　第三节　冲突图 ························· 144

第一章

企业高效考核

本章导读

第一节　企业要有居安思危的意识
第二节　企业考核中的效率
第三节　TOC有效产出会计
第四节　企业管理自运营

第一节　企业要有居安思危的意识

考核管理是完成目标的重要一步，一个企业只是拥有了经营目标，但没有对应地落实考核，那么，这个企业比那些没有目标的企业又能优秀多少呢？只能说这家企业很有想法、不安于现状。古人有一句话叫做："居安思危"。这句话告诉我们，企业即使现在发展状态很好，但一定要有危机感，这样才能防止危机的真正到来。非常可惜，有很多企业并没有做到这一点，他们往往是"居危思安"。我从事管理咨询和培训工作这么多年，见证了很多企业的起起落落。由此可见，凡是充满活力、增长较快的企业都有居安思危的意识，而那些止步不前的企业多半都是"居危思安"。

一家企业是不可能不存在问题的，如果说我们的企业没有任何问题，只能说企业的管理者出现了问题。当管理者不认为自己的企业存在问题的时候，只能说你已经安于现状，你对企业存在的问题已经认可了，这样的管理者已经做好了忍受问题带来的各种烦恼的准备。只是不知道他是否能够忍受企业的没落、消失。不论一个人曾经有多么强大、多么有智慧，当他被问题纠缠的时候，他就成为问题的根源了。因为他要想解决掉问题，首先得让他愿意解决问题。

有付出才能有收获，对于处理企业管理问题来说，也是一样的道理。如果我们不能为之付出，很多问题就无法得到解决。如果说解决问题的结果是快乐的，那么，解决过程的付出是痛苦的。面对问题，我们应该如何选择呢？是一直这样纠结下去，还是将问题彻底解决掉？我相信，对于一个人来讲，只要威胁到这个人的生命，那么，一切付出都是值得的；对于一个企业而言，也是一样，当问题在不断地侵蚀着企业的生命力的时候，我们应该冲破一切阻碍，全身心地去付出。这个付出不是说花一些钱就可以了，如果这样可以的话，这个世间还有什么问题不能解决呢？付出也需要有智慧，也要讲究方法和策略。

第二节　企业考核中的效率

　　一个人完成理想目标的过程，其实就是为了实现目标而不断解决问题的过程。如何让一个人能够不畏艰辛，面对问题挑战自我、勇往直前，靠的就是他对理想的追求和信仰。个人如此，企业也是如此，只不过，一个企业的目标需要众人的共同努力来实现。而对于一个企业的考核，绝对不是领导对下级的考核，而是企业整体目标对每一个人的考核。这样，企业的管理过程才能是一个客观、高效地实现企业目标的过程。很多管理者一直都在检讨，为什么我们在工作过程中考虑更多的是人的因素，而不能就事论事地解决问题？其中，有一个非常重要的原因，就是我们没有一个职业化的评价平台。

一、建立一个自主经营的环境

（一）最大限度地调动员工的自主性

　　针对现代企业的管理模式，我们可以发现，大多数企业之所以能够生存，主要依赖于市场的良好发展，如果整个市场的发展放缓，大量的企业经营状况就会出现问题，很多企业甚至会出现亏损现象。现在的企业大多只是通过简单的按劳分配来运作，根据员工的工作完成情况给其一定的报酬。在有的企业里，不论员工的工作结果如何，每个月拿到的工资都差不多。面对这样的企业管理困境，我们就要思考如何调动员工的积极性。这里为大家介绍两个成功案例。

案例分享1：稻盛和夫的"阿米巴"

　　被称为日本企业经营之圣的稻盛和夫，在50年之内创建了两个世界五百强企业。1959年，他白手起家创立京瓷株式会社，1984年又创办了KDDI公司。这两家公司的发展速度都非常快，后来都成为了世界五百强企业。2010年2月1日，78岁高龄的稻盛和夫担任日本航空公司的董事长，用了不到半年的时间实现扭亏为盈。稻盛和夫的成功来源于他发明的"阿米巴经营管理模式"。这种模式就是以各个阿米巴的领导为核心，让其自行制定各自的计划，并依靠全体成员的智慧和努力来完成目标。通过这种做法，让第一线的每一位员工都成为主角，主动参与经营，进而实现全员参与经营。

海尔集团也有一种经营模式，叫做"人单合一"模式。"人单合一"的基本含义是：每个员工都应直接面对用户，创造用户价值，并在为用户创造价值中实现自己的价值分享。也就是说，员工有权根据市场的变化自主决策，员工有权根据为用户创造的价值自己决定收入。海尔集团进行该项改革后，改善效果非常显著。

由上面的案例可见，让企业和员工实现自运营是国内外企业一致追求的共同目标。在我国，有的企业早就提出了划分最小核算单位的经营方法，通过这样的方法，让优秀的员工成为一个个的经营者。管理的最终目的不是把员工变成按照程序工作和领取工资的机器人，而是最大限度地提升员工自主工作的激情。

（二）运营管理的最高境界是自主运营

企业管理一直以来都有一个目标，那就是自运营，让企业的所有员工都能够积极、自主地去完成工作，而不是在领导的命令下机械地完成工作。可是，我们所接触到的企业多数都是后者，这就是为什么随着企业的不断壮大，企业的管理人员也在不断地增加，有的时候，管理人员增加的速度都超过了生产一线的员工。即便这样，企业的运营效率依然很低。是什么原因导致这样的结果呢？因为每一名管理人员不仅需要一个监工、一个遥控者，同时，他也需要拿出大量的时间完成这样的工作。

一个企业的组成包括人、机、料、法、环五部分内容，这其中最为重要的就是人，因为其他企业资源都是被使用和控制的对象，唯独对人是无法实现完全控制的，因为人有自己的思想。并且，对于企业而言，提高了人的工作效率，可以说是提高了全部资源的使用效率。那么，如何提升人的工作效率呢？依靠一个人监督、指挥一个人或者几个人，这种方法本身就是低效的。企业应遵循人性的需求，研究促使人们能够积极、高效地开展工作的方法。

企业如何帮助员工提高自主性呢？我认为，应该重新定义员工和企业之间的关系，企业和员工之间的关系不是依赖关系，而是依靠关系。也就是说，员工对于企业来讲，他是企业生存与发展的缔造者，而企业是员工实现自我价值、销售自己工作结果的商业平台。那么，如何实现这样的管理效果呢？那就需要让企业成为一个平台，一个给大家展现自我价值的平台。在这个平台上，要明确企业内部的规则。这样一来，每个员工就成为了一个独立的经营者，他通过销售自己提供的工作结果来换取企业的利润分配，这个规则不是一些考核指标所形成的绩效考核方案，而是一个由系统化评价体系所形成的企业经营模式。

企业要给员工更多的自主盈亏的机会，让他们面对自己工作后的结果，还要实现一个效果，就是目标统一，决不能因为给了大家自主的空间，而失去了团队的合作效果，这也是企业所不愿意看到的结果。所以，我们需要设计一套系统的解决方案，关于这些，在后边的内容中我将进行详细讲解。

自主经营的工作环境，不仅需要教会员工如何正确地工作，告诉员工哪些事情是企业所不容许的，哪些事情是企业所赞许的；同时，还要给员工能够展现自我的机会，给他们约束的同时还要给他们自由发挥的空间，这是企业管理最难的地方。

二、规律

企业制度和观念决定了一个管理团队的绩效考核和决策，而绩效考核和决策决定了团队人员的行动。下面，我们通过一个实际案例进行讲解。

案例分享2：生产不停就有利润

有这么一家生产船舶配件的企业，在行业里也有一定的名气，随着行业供需的逐渐饱和，他们遇到了一场危机。在企业发展之初，他们就接到了大量订单，但他们当时的生产能力根本无法匹配不断增加的订单。于是，该企业一直在不断地扩建产能，他们只用了一年的时间就将产能提升了10倍。这个时候，由于整个行业已经走出了最繁荣的时期，而且，之前他们的服务质量差，尤其是到了交货期迟迟不能交货，甚至有时晚交货两个多月，准交率只有32%。他们最大的客户严厉警告他们：如果他们不能改变现状，就将停止和他们合作。对这家企业来讲，这是灭顶之灾，因为他们70%以上的订单都来源于这家客户。他们整改了很多次，但成效不佳。

后来，我带领专家团队进驻该企业进行为期6天的调研工作，我们发现该企业的产能是完全可以满足订单的要求，真正的产能利用率是70%。那么，这家企业为什么准交率如此低呢？看一看他们的仓库就马上明白了。在他们的仓库，只要有一个空地方，就会马上被管理者圈为临时仓库，很多露天零部件都出现了锈损，二次加工是难免了，所以，抛丸表面处理成为了他们的瓶颈工序。当客户大发雷霆、催促要货的时候，他们的生产管理人员却不以为然。我们在和他们的管理人员进行沟通的时候，只有营销人员不断地提到准交率，而生产管理人员竟然不知道准交率如何计算。他们的考核就是把东西做出来，考核数据只有一个，就是"日产量"。

这家企业创立之初的日子是不错的，原因是当时行业的发展处于繁荣时期，带动了他们的发展。我们知道，当需求大于供应的时候，需求方就会成为弱者，他们就会迁就那些供应商，对他们的质量、准交率、价格进行让步。当需求低于供应的时候，供应商就会出现质量、准交率等服务质量的比拼，甚至会出现最残酷的价格战。案例中的这家企业正好经历了这个过程，他们的思想和观念还没有及时地改变过来。因此，他们的绩效管理不但没有促进企业的发展，反而影响着企业的发展。绩效管理直接决定了员工的行动，你如何进行绩效管理，员工就怎么行动。这家企业的生产管理人员不知道什么是准交率。当我问他们，你们的准交率是多少的时候，他们的回答是："什么是准交率？"我接着问他们："公司是如何对你们的工作进行考核的呢？"他们的回答是："只要把每个月的货完成了就可以了，还有平均日产量达到12吨就可以了。"企业的生产管理人员都不知道什么是准交率，原因就在于他们的考核方式出了问题。当企业不考核生产管理人员的准交率而只考核产能的时候，那么，就会产生这种奇怪的现象。这就应验了那句话："你有什么样的考核，我就有什么样的行为。如果你的考核不合理，也不要怪我的行为很疯狂。"

世界上成功的发明创造都是对自然规律的有效利用的结果，而作为一个企业管理者发现了规律，就要有效的利用规律，创造出属于自己企业的经营模式。

一个规律描述起来无非也就是只字片语，再加上一些例子，最多也就是一本书而已，如果能够让这些规律成为我们手中的工具，并且，能够应用自如，那就需要大家自己的钻研和领悟了。世界上从来没有什么秘籍之类的法宝，存在的只有不懈的努力和顿悟。如何能够让一个人全身心地关注企业经营，通过各种管理工具帮助企业实现升级发展呢？其中最重要的就是热情、激情，然后形成聚焦。一旦一个人对一件事情进行聚焦，那么，还有什么事情是解决不了的呢？TOC管理方法非常注重聚焦，因为只有在聚焦的情况下，人才能做到全心关注且自愿付出。

三、企业中有哪些考核项目

（一）考核是科学管理的核心

企业的管理工作中有很大的一部分内容是考核数据收集、分析、评估工作，企业的考核工作为企业增加了很多管理人员，随着员工的增加，企业的考核工作人员也在增加。企业的管理成本中有一部分付给了考核工作——其实是没有多大必要的，但是，不论是民营企业，还是国有企业，大家都不约而同地认可这种投入，因为他们相信如果不进行这些投入，企业的效率将会很低。如果企业一直迷信这种考核工作，到那个时候，企业所付出的就不只是几个人的工资了。

考核是科学管理的核心，各种考核方式的不断出现，让很多企业有了更多的参考。可惜的是，很多企业的考核还是主要集中在工资体系上，而且，采用的方法也很单一。

（二）简单的奖罚称不上是高效的考核

企业管理中考核的存在方式不是以某一考核方案的形式存在的，而是以考核系统的方式存在的。因为一个企业的考核内容非常多，这些内容分别满足企业不同的方面，最后它们形成一个封闭系统。企业考核主要有以下项目：对员工工作结果的考核：绩效考核工资；对员工工作过程的考核：奖罚制度；对员工工作能力的考核；企业整体业绩考核：月度、季度、年度考核。很多企业的考核主要还是集中在这四个方面。通过这些考核方式，我们可以发现，企业的考核主要还是针对个人的考核，即使有关于企业整体目标实现的业绩考核，也只是少数企业才有的。而且，大多数企业关于这个方面考核细则也是非常笼统的"大锅饭"方式。面对这样的考核，我们会发现，当企业的业绩没有提高，甚至出现下滑的时候，依然有很多员工的个人绩效考核指标是优秀的，无非是无法拿到业绩考核奖金。我们还发现，关于员工能力的考核，主要还是看领导的认可程度。而这些考核方式或多或少地都会存在不足。

（三）伯乐式选拔模式的缺点

企业要给员工展现自己的平台，通过这个平台给员工自主经营的空间，不仅是为了提升员工工作的积极性，提升企业的改善能力，最主要的是加快对员工的培养效率。成功的企业无不重视对人才的培养，一个企业有多少人才，就代表这个企业能够打多大的"战役"，面对市场竞争就有多大的胜算。

我们传统的员工培养方式是"伯乐"选拔培育方式，这种方式对人的眼光依赖非常严重，而且，需要较长的观察时间才能够选拔出优秀的员工，现代企业靠这样的方式选拔人才很难满足企业发展的需要。

我们按照传统的"伯乐"式选拔培养模式，效率非常低，而且，成功率也非常低。因为那些选拔人员本身是否合格也是一个问题，自古千里马常有而伯乐不常有，再加上他们在选拔人才的时候是否能够客观也非常关键。最重要的是很多被选中的人员没有好的培养平台。所以，很多企业的人才培养是非常低效的。

（四）人才选拔和培养方式的变革

正确的人才选拔和培养系统应该以公开、透明的方式进行。企业构建一个平台和相关的规则。然后，员工在这个平台上尽情发挥，通过统一的工作结果给予评价，对于那些能力强的人员给予重任。这个时候，企业选拔人才和培养人才的过程就是存在于阳光下的自运营状态，任何企业领导都无法轻易影响考评结果。企业通过这样的经营模式，在不断提升企业服务质量的同时，会培养出一支高效的团队。

"阿米巴"经营模式实现了企业业绩考核与员工工作考核的接轨，让每个员工都有机会成为企业的一个经营单元。关于如何实现这样的经营效果，我们会在后面的内容中进行详细讲解。但我不建议大家去模仿"阿米巴"经营模式，因为"阿米巴"是属于稻盛和夫所经营的企业的经营模式，我们要了解其中的自然规律，然后加以应用，创造出属于我们自己的经营模式。

在上文中我们已经讲到，一个企业的业绩没有明显的提升或者呈现下滑趋势，在这种情况下，员工的绩效考核大多数还表现得非常好。导致这样的结果不是因为我们制订的考核标准太低，而是我们考核的是员工就其规定的工作完成结果的考核，这个结果和企业整体业绩有一定的关系，但它们不成正比。也就是说，员工的绩效考核结果不错，但企业的业绩不一定就很好。造成这样的结果主要是因为我们的考核项目中关于员工对企业业绩的贡献考核的缺失。

员工对企业业绩的贡献考核和员工工作结果的考核，这两种考核内容都应该成为企业内部考核系统中不可缺少的内容，业绩贡献考核是对企业整体目标的实现情况的考核，而工作结果考核是对员工工作结果的考核。员工的工作结果让企业满意，这只是企业管理的基础要求，企业还要制定自己的目标，发动全体员工为这个目标努力，对员工对这个目标的努力情况也要有一个考核。工作业绩考核效果好不代表企业整体业绩的提升，不代表员工的业绩贡献考核的提升。而业绩贡献考核提升了，直接关系到企业整体业绩的提升，所以，现代企业对员工的要求已不是简单地将工作完成，而是他对企业的整体业绩提升的贡献情况。我们在后文将对 TOC 管理中的有效产出会计 TA 和单元考核经营模式 UTA 进行详细讲解，以帮助企业实现上面的效果。

第三节　TOC 有效产出会计

不论一个企业的管理水平有多低，有一个管理功能是管理者们一点都不敢懈怠的，那就是企业的财务管理。我现在要给大家介绍的这套管理方法与企业的传统财务管理不同，我们可以将它理解为决策会计。会计管理学是一套复杂和系统的管理知识体系，是属于专业人员学习的内容，很多管理人员对它的了解和学习程度基本都是一知半解。这不能怪他们，因为传统会计学习起来十分繁琐，企业管理应用效率又非常低，所以，不太适合大多数管理人员学习。对于企业来讲，经营目标只能是一个，那就是赚钱。当然，企业也可以将赚来的钱用于公益事业。但是，如果一家企业无法从市场中赚到钱，说明这家企业的服务或产品不被社会所认可或者存在某些缺陷。很显然，一个企业的经营目标一定是赚钱，每个企业家在创立企业之初对这个目标都很清晰，但是，随着企业的不断发展，很多人的目标发生了扭曲，这个时候，企业就需要重新找回自己的目标。企业的目标是赚钱，那么，在企业的各项经营中和钱关系最大的应该就属企业的财务管理了。很多时候，企业是否赚钱只有财务人员最为清楚。企业从市场中赚取利润是企业一直追求的，但在追求的过程中，慢慢地走向了另一个极端。比如，很多企业为了提升生产效率，忽视了设备的投资回报率，一味地购买最先进的设备进行更换。这样的案例有很多，这里就不做详细讲解了。如何能够让整个企业的管理人员在进行日常管理的过程中都以企业赚钱为目标是企业快速增长的唯一法宝。在上文和大家分享的稻盛和夫的阿米巴经营模式就是要实现这样的管理效果。但阿米巴经营模式只能算是一个成功的案例，不适合于其他企业复制，因为每个企业都有自己的特殊情况，即使是同一个行业的企业也存在管理系统不同的情况。我们即将为大家介绍的有效产出会计，可以帮助企业建立一个属于自己的"阿米巴"系统；同时，提升管理人员的决策效率。

一、TOC 管理系统介绍

目前为止，成熟的企业管理体系并不多，最受推崇的有六西格玛和精益生产，这些都是用来帮助企业进行改善的管理方法。TOC 管理法只是众多管理方法中比较新的一套企业管理方法。TOC 管理法自身形成系统，涉及到企业管理的各个方面，其中包括管理会计、生产物流管理等。关于介绍 TOC 方法的书籍有很多，TOC 管理方法主要应用于制造行业。

六西格玛与精益生产是全球两大热门企业管理方式，近年来很多大型企业先后导入这两种管理模式。2006 年，美国生产运营管理权威机构——美国运营管理协会抽查了 21 家企业的一百多个改善项目，其中有 11 家导入了六西格玛，4 家企业导入了精益生产，6 家企业在导入前面两种管理模式后，又导入了 TOC 管理模式。结论显示：TOC 的改善效果是六西格玛的 20 倍，是精益生产的 9 倍。

（一）科学管理的历史进程

科学管理的开始时间应该追溯到一百多年前的美国，有一个人提出了时间管理理论，并将之应用到企业管理中去，使企业产能得到成倍增长，这个人就是后来被尊为科学管理之父的泰勒。后来，随着工业革命的发展，人们开始追求更高效率的生产模式，于是，流水线产生了。世界工业发展越来越快，生产效率不断地提升，而此时供应开始不断地超过需求。这个时候，个性化的供应成为对当下工业的一个非常重要的要求。于是，很多电子企业开始对他们的流水线生产模式进行升级改善，且成效卓著，后来的企业管理人员将这种生产管理体系叫做精益生产管理。TOC 管理系统产生于精益生产之后，是较为先进的一套管理方式，如果说过去的管理系统，如精益生产、六西格玛等都聚焦于企业的生产效率问题，而 TOC 管理则是聚焦于企业的盈利能力。换句话讲，TOC 管理方法的终极目标是提升企业的赚钱能力。

（二）TOC 知识体系介绍

TOC 管理方法体系中主要有 F5 持续改善聚焦五步骤、TP 思考程序、TA 有效产出会计、DBR+BM 缓冲管理生产管理方法、CCPM 项目管理。TOC 管理方法首先是打破过去精益生产管理的持续改善流程，使企业的持续改善直接为企业的利润服务，而不是通过不断地投入资金换来一系列的改善成果报告，企业用较长的时间才能直观地看到一点改善。并且，大多数企业是很难实现精益生产的持续改善，其中有一个非常重要的原因，就是精益生产对企业的基础管理等要求极高，所以，很少有哪个企业能够成功应用精益生产管理。TOC 管理方法被称为简单而有效的常识管理，它的改善目标非常聚焦，直接关注企业的利润增长情况。所以，TOC 管理是一个可以马上看到改善效果的管理方法。TOC 方法中还有专门的管理会计——有效产出会计，这也是 TOC 管理方法超越其他管理方法的一个重要方面。TOC 管理方法中功能最大的应属它独有的思考程序方法 TP，该方法可以帮助管理人员解决管理难题。但是，该方法也是 TOC 管理中较难的一部分内容，它一共有五个思考分析图，这五个图又形成先后思考顺序。

二、有效产出会计 TA 基础知识介绍

（一）有效产出会计名词介绍

学习有效产出会计首先需要认识几个新的名词：T（Throughp UTA），有效产出：整个系统通过销售产品或服务获取金钱的速率；I(Inventory)，库存：系统为了销售而投入的资金；OE（Operating Expense），运营费用：把库存转化为有效产出的一切花费，如图 1-1 所示。

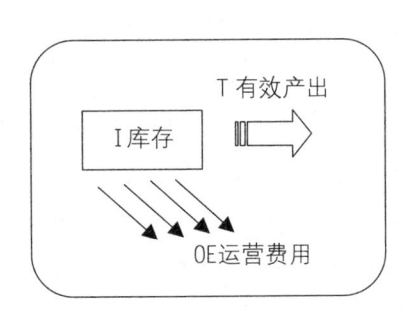

图 1-1　有效产出会计名词介绍

1. T：有效产出

有效产出是整个系统通过售出产品或服务获取金钱的速率。我们也可以认为有效产出是一切进入到系统的钱。例如，企业生产出的产品的销售价格

中包含了有效产出,如果原材料不需要购买,完全通过企业制造就可以产生,那么,有效产出就等于销售价格。但是,大多数企业都是需要进行原材料采购,经过生产加工后给客户提供服务。有效产出的计算公式:有效产出 T= 销售额 S− 原材料成本 VC。例如,某企业销售某个产品,产品的销售额是 100 元,原材料成本是 60 元,那么,该企业的有效产出就是 100 元 −60 元 =40 元。

2. I:库存

库存是指系统为了销售而投入的资金钱或系统占用的钱。例如,企业生产好了但没有销售出去的产品和企业生产了一半的半成品和零部件。库存还包括投资的设备、工具,打算卖掉的废旧的设备、工具,只要它还存在价值(变卖能够换成钱,折算后剩余的价钱就是库存 I,被折算掉的部分就是运营费用 OE)。例如,企业生产好的等待销售的产品,每个产品的价格是 100 元,由于还没有销售出去,那么,这个时候,这 100 元就是企业的库存,当销售出去后它就不再是企业的库存了。

3. OE:运营费用

运营费用是指所有花在把库存变成有效产出上的钱,换句话说,是流出系统的钱,包括所有的直接和间接的工资开支、物流费用、管理费等。一般来讲,人工成本中与时间相关的那部分基本工资,我们就可以将其算作运营费用,而把那些计件工资作为库存 I 计算也是可以的。但是,大多数人员的工资都应该算作运营费用。事实上,系统的大多数人工成本根本不会变,无论是生产 50 件产品还是生产 500 件产品,也不管是做的好产品还是坏产品。在大多数情况下,把人工费用算入 OE,会简化决策过程,也能让绩效衡量更容易理解。一些大型服装企业和电子装配企业由于属于传统工业,人工成本占企业总成本的比例较大,并且,一线员工的工资收入主要来源于计件工资,这个时候,我们可以将计件工资算作库存 I,计算有效产出 T 的时候将其和原材料成本一起减去。一般情况下,企业员工的工资成本都算作 OE。

(二)有效产出会计公式介绍

有效产出会计中有五个非常重要的计算公式:

① 有效产出(T):T=S−VC。

② 纯利润(NP):NP=T−OE。

③投资回报（ROI）：ROI=（T–OE）/I。

④生产力（P）：P=T/OE。

⑤投资效率（EOI）：EOI=T/I。

注释：销售价格 S（sales）；变动成本 VC（variable costs）；纯利润 NP（net profit）；生产力 P（productivity）；投资回报 ROI（return on investment）；投资效率 EOI（efficiency of investment）。

1. 有效产出（T）：T=S-VC 和 OE、I

企业的目标就是赚钱。一个行业在发展的过程不可避免地会遇到利润降低的情况，这个时候，大多数企业都会采取增加销量的方法来提升企业的整体业绩。TOC 对企业业绩考核的方式不只是对企业的整体利润的考核，同时，它还对企业的整体赚钱速度进行考核。很多时候，企业的利润是增加了，但企业的竞争力是在减弱，例如，很多民营企业通过降低产品价格的方法增加销售总量，虽然利润增加了，但企业的市场竞争能力并没有增强。所以，正确地通过数据衡量一个企业的整体发展情况很重要，用企业赚钱速度 T 来进行衡量更加科学。

如果按照传统的计算公式（利润 = 产品价格 – 成本），企业一定会采取增加销售量和降低成本的方法来实现利润的增加，而忽略了企业赚钱速度的提升。

例1：一家企业的产品销售价格是 100 元 / 件，1 月份他们的销售量是 100000 件，原材料成本是 20 元 / 件。他们采用的是自动化生产线，一线员工工资采用的是基本工资加绩效考核工资。该企业一共有 30 名设备操作工人，工资为 3000 元 / 月；3 名辅助工人，工资为 2000 元 / 月；脱产生产管理人员 2 名，工资为 4000 元 / 月；质量、技术、财务、仓库管理、行政管理、销售人员等其他人员 20 名，工资为 10000 元 / 月。那么，该企业的有效产出 T 是多少呢？

因为该企业是自动化生产线，员工的工资发放模式是月基本工资加绩效工资，所以，他们的工资成本算入运营费用 OE 中，该企业的月有效产出 T=S-VC=（100 元 / 件 -20 元 / 月）× 100000 件 =8000000 元。该企业的所有员工的工资成本都可以计算为企业的运营费用 OE。

例2：一家服装生产企业的产品销售价格是50元/件，1月份他们的销售量是1000000件，原材料成本是30元/件。他们的一线员工工资采用的是基本工资1500元加计件工资2元/件。该企业一共有100名生产工人，每名工人基本工资是1500元/月；3名辅助工人，工资为2000元/月，脱产生产管理人员2名，工资为4000元/月；质量、技术、财务、仓库管理、行政管理、销售人员等其他人员20名，工资为10000元/月。那么，该企业的有效产出T是多少呢？

因为该企业的员工是计件工资，所以，这个时候，计件工资就可以计算到库存I中，所以，该企业的月有效产出T=S-VC=（50元/件-30元/件）×1000000件=20000000元。员工除了计件工资费用外，其他工资成本都属于运营费用OE，这时的计件工资部分可以算作企业的库存I。如果将这部分费用算作库存，就会将计算复杂化，而且，这时的原材料成本与计件工资成正比，所以，我们此时就将计件工资也作为原材料成本一起减去，从而计算出企业的有效产出T，该企业的月有效产出T= S-VC=（50元/件-30元/件-2元/件）×1000000件=18000000元。

总之，有效产出T和运营费用OE、库存I，三者之间没有运算关系，但这些数据完全可以将一家企业的经营状况描述清楚。

2. 纯利润（NP）：NP=T-OE

有效产出T减去运营费用OE就是这个企业的纯利润。对于一家企业而言，它的运营费用OE基本是一个固定的数值，除非该企业进行大规模的设备更换和厂房建设、大量地招聘人员，否则，企业的运营费用OE基本是保持在某个数值不变的。但是，对于一个发展中的企业而言，它的OE是变化的。通过公式，我们会发现，提升纯利润一共有五个途径。

①T增长，且OE不动：企业在运营费用不增加的情况下，销售（提供）产品（服务）产生更多的有效产出。

②T增长，且OE下降：企业通过提升销售和服务增加更多的有效产出；同时，通过财务管理和运营预算管理降低企业的运营成本。

③T不动，且OE下降。

④T下降，且OE下降，但OE下降的速度比T下降的速度更快。

⑤T增长，且OE增长，但T增长的速度远大于OE增长的速度。

在以上五种情况下，企业的纯利润是增长的。接下来，我们结合公式"NP=T-OE"来理解上面的五种情况。例如，某企业进行年终核算时发现，企业有效产出T为10000000元，运营成本OE为4000000元，企业的纯利润NP=T-OE=10000000元-4000000元=6000000元。企业在新一年的战略规划中，希望纯利润增加到8000000元，现在有五种提升方案：

①T增长，且OE不动。企业在运营费用不增加的情况下，销售（提供）产品（服务）产生更多的有效产出。

在运营费用不变的情况下，将企业的有效产出提升到12000000元，根据公式可以计算：企业纯利润NP=T-OE=12000000元-4000000元=8000000元。企业要想实现这样的效果，实现难度在五个方案中排第二。对于企业来讲，要想增加T，一般情况下，企业的OE和I都会增加。企业要想得到更多的有效产出T，就必须创造出更多的I；企业要想将更多的I销售出去，然后变成有效产出T，一般情况下，就需要增加对OE的投入。综上所述，有效产出T的增加一般都会伴随着I和OE的增加。比如，企业的销售情况一直不好，但企业对员工的工资待遇等都保持正常。随着市场经济和行业发展的提速，企业的销售收入增加了，新增的市场订单没有超出企业的生产能力。在这种情况下，企业可以实现在OE不变的情况下有效产出T的增加。

②T增长，且OE下降。企业通过提升销售和服务增加更多的有效产出；同时，企业通过财务管理和运营预算管理降低企业的运营成本。

在企业运营费用降低的情况下，将企业的有效产出提升。假设企业进行精简裁员，企业的运营成本每年降低了500000元，企业投资300000元聘请专业的管理咨询公司帮助企业优化管理流程，提高员工的工作效率。企业实际运营费用当年降低了200000元，有效产出增加到11800000元。这套方案在五个改善提升方案中难度系数排名第一。根据公式可以计算出企业的纯利润：NP=T-OE=11800000元-3800000元=8000000元。一般情况下，小企业的有效产出的增加，带来的直接效应就是库存I和OE的增加，而这个方案中的OE要逐渐减少。一般比较适合于那种企业发展过快导致企业无限制地投资和增加人员的情况。企业为了实现OE成本的减少和员工效率的提升而采取裁员措施和工作流程优化，通过这样的变革和改善可以实现企业运营费用的降低；同时，由于企业工作流程的优化，可以提升企业对客户的服务效率，从而提升企业的有效产出。比如，某家企业的产品销量一直处于下降状态，随着市场情况和行业发展状况的回暖，企业的销售市场出现了增长状态。此时，企业需要放下包袱，对企业团队进行精兵简政，对一些错误投资进行资产剥离，从而降低企业的运营费用。然后，将节省下来的钱用于对企业的管理系统的改善，以提升企业的整体工作效率和服务质量，从而加快销售额的提升速度。

③T不动，且OE下降。企业的有效产品不增加，但运营成本下降，这种情况对于一家企业来讲是完全可以实现的。假设一家企业的运营成本降低了2000000元，运营费用从过去的4000000元降低到2000000元，根据公式，我们可以计算出企业的纯利润：NP=T-OE=10000000元－2000000元＝8000000元。一些规模较大的企业通过一系列的优化改革，成功发展下去的案例有很多。例如，通用汽车公司曾因管理机构不断扩大、人工成本不断增加，最后出现亏损现象。后来，他们更换了总裁，新总裁上任后首先进行的就是大裁员，最后，企业扭亏为盈。那些无法使销售业绩增加的企业，只有采取裁员等方法来降低企业的运营成本。

当大的经济环境不景气，行业发展已经开始退化的时候，企业自身的竞争能力薄弱，没有能力在大萧条中异军突起，这个时候，企业可能就要根据自己的实际情况，对企业的经营进行优化改革，以降低运营费用，从而使企业的纯利润得到增加。这种经营方式对于企业来讲只是一个暂时的发展策略，因为即使这时企业的纯利润增加了，但企业的赚钱速度T并没有增加。对于一个企业来讲，他的赚钱速度T决定着企业的生命力。

④T下降，且OE下降，但OE下降的速度比T下降的速度更快。企业的有效产出降低了，运营费用也降低了，但运营费用OE降低的比例要比有效产出T快些。假设某家企业错判了市场的发展速度和产品在市场上的销量，而对生产和销售大量投资，但产品的销量并没有达到预期的效果，导致企业的纯利润没有实质性的增加。这时，企业可以根据这个方案，对运营费用进行降低。比如，对问题资产的剥离及对企业的优化改革，甚至关闭一些分公司，

减少一部分的营销投入。这样一来，可能会影响到企业的销售情况，致使企业的有效产出减少，但相比之下，企业的运营费用会大大减少。假设企业的运营成本减少了 2500000 元，而有效产出减少了 500000 元，根据计算公式可以计算出企业的纯利润，即：NP=T-OE=9500000 元 -1500000 元 =8000000 元。

⑤T 增长，且 OE 增长，但 T 增长的速度远大于 OE 增长的速度。企业的有效产出增加了，运营成本也增加了，但运营成本增加的量远远低于有效产出增加的量。这种情况是很多企业希望达到的。假设一家企业非常看好市场，他们认为需要增加市场的营销力度，同时，对企业的生产能力进行升级，以提高企业的产能。这时，企业就需要增加设备，增加工人，扩大营销团队，增加广告投入，增加市场各种拓展活动的参与频率。我们知道，人工成本、广告营销投入属于企业的运营费用，而设备等的投入属于企业的库存。企业运营费用的投入增加了 1000000 元，而有效产出增加了 3000000 元。根据计算公式，我们可以计算出企业的纯利润：NP=T-OE=13000000 元 -4000000 元 -1000000 元 =8000000 元。

⑥投资回报（ROI）：ROI=（T-OE）/I。投资回报是企业管理中常用到的一个经济学名词，常规的计算方法是：投资回报率 = 利润 / 投入成本。按照这样的计算方法和思维逻辑，很多时候会把企业管理带入到误区，那就是局部观的误区。我们知道，企业在投资的时候会存在这样的问题：经过传统经济学的投资回报率计算投资某个项目，对于局部来讲投资回报率较低，但对于企业的全局发展来讲却是非常有利的。例如，某家企业投资购买新设备，以对部分老设备进行更新换代，现阶段老设备是完全可以完成生产任务的，只是产品质量不稳定，但也可以满足庞大的市场需求。购买新设备可以提高产品的质量水平，但在市场整体质量要求不高的情况下，很难获得更多的利润空间。按照传统的投资回报率的公式计算的话，企业发现根本没有必要进行该项投资。可是，市场在扩大的同时，行业本身也在不断地发展，根据企业的市场调查分析，企业发现最多两年后，该行业的供需就会达到平衡，之后供应将会大于需求。我们知道，市场的发展就是从量的需求到质的需求，之后，产品的价格和质量将会成为市场争夺的武器之一。当我们的质量无法

得到保障的时候，打价格战就一定会成为企业获取市场的唯一办法。如果企业降低价格是依靠极高的生产效率的话，企业依然存在非常强的生存动力的；但当企业的生产效率低，生产的产品质量低，这时，企业需要依靠价格战来获取市场，如果企业是出于战略考虑还是可以的，如果企业是迫于无奈，为了生存，那么，这个企业的生存能力就非常低了。针对这样的企业，我们是否应该按照传统的投资回报率来进行决策呢？

TOC的投资回报率ROI=（T−OE）/I，其中，T是有效产出，OE是运营费用，I是库存，经过计算后所得到的数字越大，代表着投资回报情况越好。计算方法是我们以企业更换新设备后增加的有效产出减去增加设备后增加的运营费用，然后除以增加的库存I，得出的结果就可以帮助我们进行企业管理的决策了。所以，投资回报的决策公式应该是这样的：ROI=（△T−△OE）/△I。△T=某项投资后预测的有效产出T−如果不投资预测的有效产出T；△OE=某项投资后的运营费用I−如果不投资的运营费用；△I=某项投资后的库存I−如果不投资的库存I。按照这个公式进行论证和计算就可以帮助企业计算出有决策价值的正确数据。

⑦生产力（P）：P=T/OE。单位数量运营费用的投入可以产生多少有效产出，这就是企业的生产力。传统经济学喜欢用人均产值来衡量企业的生产力，按照这样的计算方法很容易将人们带入误区，那就是当人工的投入减少了，企业的生产力就增加了，所以，很多高管整天思考如何在减少人工投入的情况下增加企业的产出，最后甚至达到了疯狂的地步。这样很容易将管理人员引入忽略利润却只关心人工成本的误区中。

减少投入、增加产出，这是所有企业管理的目标，但对一个企业来讲，它的核心目标是赚钱，如果在增加投入的同时也增加了更多的社会效益和经济效益，这样的投入也是完全正确的。反之，则是错误的。例如，某企业是做精密机械制造的，由于市场的高速发展，导致产品的型号和种类不断增加，而市场的需求却不稳定。企业以人均产能为每个月度的考核指标，而且，企业的设备利用率很高。在订单不足的情况下，企业的新任总经理和高管为了让董事会满意，在进行生产计划安排的时候，都是在客户实际订单的基础上根据以往的客户需求情况，人为地增加生产计划，并将多生产出来的产品放入库房中,最后,企业的库房放满了。从外表上让人感觉企业的经营状况不错,其实,造成企业产生了大量的浪费和生产成本的增加。从人均产能上看,企业的生产效率很高,但实际是企业在经营管理上出现了问题。按照传统成本会计的损益表,库存是资产,从数据上看,企业的资产也增加了,并且,库存越多,成本就会越低,因为成本是分摊到每个产品上去的,所以,产品越多,成本就越低。因而,不论是人均产能数据,还是财务报表都将显示出企业的经营情况大好。这家企业在一年的时间换了两个总经理,都是因为经营情况不能让董事会满意。之前的总经理将大量的精力放在了产品质量的提升和销售市场的开拓上去,虽然短时间内企业的业绩提升得不高,但企业处于一个正确发展状态。但最后换的这个总经理没有为企业做任何事情,只是人为地增加生产任务,让企业满负荷地生产运行,将生产多余出来的产品放在仓库里。这样做,实际上没有给企业增加任何产出,但从管理数据上看——企业的业绩确实很不错。这就是传统经济学中的计算公式对企业管理的误导。

TOC 中的生产力计算公式为 P=T/OE。通过这样的管理数据,企业才有可能做出正确的管理决策,将传统的经济学和传统的成本会计中的人均产能和损益表的误导性错误改正。如何提升企业的生产力,一共五个思路:确保在企业有效产出不变的情况下,降低企业的运营费用;确保在企业运营费用不变的情况下,增加企业的有效产出;通过增加企业的运营费用,使企业的有效产出增加得更多;在减少企业的运营费用的同时,确保企业的有效产出受到的影响较小;确保在企业的有效产出增加的同时,减少企业的运营费用。

⑧投资效率(EOI):EOI=T/I。企业经营的过程就是一个通过投资换取利润回报的行为,不论是对于一个打算要投资的投资人,还是对于一个正在经营企业的企业创始人,他们的主要工作就是抉择是否要投资,对过去的投资效果进行分析评估。正确的分析评估可以帮助我们做出正确的决策,只有决策正确了,才会有一个理想的结果。如果一个企业家在对一个投资行为做太专业和详细的分析的话,市场瞬息万变,他很有可能会失去很多商机;但对于一个精明的投资人来讲,没有数据,他们一定不会轻易做出决策的。上文我们讲了投资回报 ROI=(T−OE)/I 的计算方法和使用细则,这里给大家再介绍一个新的计算公式,它叫做投资效率:EOI=T/I。单位数量的投资可

以产生的有效产出就是投资效率 EOI。

一项完整的投资是不可能抛开资金来实现的，即使投资的资源中包括市场、技术、人力资源等，但在进行价值核算的时候一定是用金钱来核算的，也就是说，投资的主要资源就是金钱。有些投资人完全以投资回报比例来衡量投资的盈亏，这样做首先从数字比例上是完全正确和有绝对参考价值的，但是，忽略了时间价值。比如，有些投资的利润率能达到 30% 以上，从数字上让人感觉可以投资，但投资周期较长，需要 5 年的时间才能完成整个投资项目。有些投资虽然利润率只有 20%，但投资周期只有 1 年。利用 EOI=T/I 这个公式可以帮助投资者和企业的决策者做出正确的选择，是继续投资现在的企业或项目，还是投资新的项目。

第四节　企业管理自运营

　　企业管理工作要实现的结果就是效率的提升。对于企业来讲，设备以及生产工艺的效率是一个定值，除非对设备和工艺进行持续的改善升级，但是，改善升级的过程需要较长的时间，而且具有较强的不确定性，所以，企业效率的提升更多体现在企业的日常经营过程中。我们知道，对一个企业的设备更新和一个行业的工艺提升，需要很长的时间，而且，这个过程没有捷径，需要企业慢慢地持续改善。而企业的管理技术则不同，只要企业的管理水平较好，就可以导入先进的管理系统，这是企业非常好的一个跨越式发展方法。

　　企业管理主要管理的就是人，同样的设备，要想提升它的效率，主要还在落实操作人的身上，所以，现代企业都不约而同地喜欢那些自动化较强的设备。这样，一来可以有效地应对人工成本的压力，再者可以减少人员的管理工作。很多企业的管理工作基本都是一级对另一级的管理，就像是金字塔一样，随着企业的不断壮大，这个金字塔也在不断地被加高。当然，这种金字塔式的管理模式效率的低下被很多管理者们所发现，所以，企业管理业界很早就产生了企业管理扁平化的观点。可是，很多企业还是很难实现企业管理扁平化。虽然企业知道管理机构太庞大，管理效率很低，但他们依然无法将这个庞大的"金字塔"管理系统简化。导致这样的结果，主要原因是企业没有建立成以系统带动人工作的经营模式，大多数则是以人拉动整个管理系统的经营模式。企业需要独立自主地追求效率的体系，但实际情况是员工将大量责任推给别人，甚至推给自己的领导，管理者们也是将问题一级一级地推退给自己的上级领导，最后问题就落在了总经理或者董事长的身上。这也是为什么很多企业的董事长和总经理整天都被琐事所累的原因之一。在下面的章节中，我将和大家分享一套高效的自主经营模式，这套模式可以实现员工的自主经营，每个员工都是一个独立的经营体。他们共同为企业的经营目标而奋斗，他们不需要管理人员的督促。当遇到问题后，他们会像总经理一样想办法解决，而不是选择退缩。他们会像总经理样，每天都在考虑如何提升业绩。实现这样的管理效果才是企业应该追求的管理目标。

一、人才培养的自运营

（一）人才的重要性

同行业之间的比拼不只是资金实力的比拼，因为资金可以帮助企业购买到最先进的设备，也可以帮助企业找到一些一流的人才，却无法帮助企业建立一支由一流人才组建的高效团队。企业的人才主要还是靠企业自己来培养。对于一家企业来讲，员工的忠诚比其才能更加重要，何况企业的发展所需要的不是几个人才而已，而是大量的人才！这些人才如果能够组成一支高效的团队，其结果一定是战无不胜的。

这个时代给每个人以极大的舞台，只要你有专业的团队，就可以吸引到资金，你就能创造财富。所以，那些曾经辉煌的企业家们切不可用过去的观点来看当今的社会。培养人才是一个企业必须做的事情，因为只有有能力的人才能够创造出比竞争对手更优质的产品或服务。

（二）提供人才脱颖而出的企业平台

如何培养人才呢？我在前文已经和大家进行过简单的分析，那就是企业要构建一个人才培养平台，靠清晰、明确的规则来进行自然选拔。每个员工都想成为企业舞台上的表演者，而不是观众，那么，如何让他们成为表演者呢？那就需要创造出一个让他们可以表现自己的机会，并且，让他们拥有能够自主经营的机会。通过自主经营，让他们无时无刻都可以感受这种经营方式给他们带来的价值感、成就感、满足感，这样既为员工提供了个人价值展现的平台，又通过给每一个人攻克难关的机会，让他们在实践中不断地得到提升。最终，不仅员工可以获得成功，企业也可以获得最大的利益。

（三）"阿米巴"经营模式给我们带来的新思路

"阿米巴"经营模式是一种高效的员工培养模式。当一个员工成为企业的经营者之一时，他所提供的服务就是他的工作，而购买他工作的不是企业法人，而是和他工作对接的人员，他的成本不会因为他是否进行工作发生本质上的改变。也就是说，即使这个员工没有工作，他依然有成本在不断地消耗，这个时候，他就充满了压力，他必须提升自己的服务质量和效率，来获取更多的"利润"。他也会尽量管控自己的成本。在这个过程中，他会不断地总结自己的工作经验，然后，对自己的工作不断地进行升级改善。这个过程都是他自己主动进行的过程，没有掺杂任何复杂的绩效考核系统和行政奖励处罚制度。通过这样认真地工作，他不仅创造出更多的价值，也得到了能力的提升。

总之，企业应该建立一套人才自主培养体系，让人才不是被发现出来，而是被企业培养出来。如果说一个企业的人才是靠发现产生的，那么，这个企业的人才培养效率是非常低的；如果一个企业的人才是依靠庞大的流水线培养出来的，那么，这个企业可以拥有世界上最优秀的人才队伍。

案例分享3：培训不如行动

在江苏有一家企业的老板非常注重对员工的培养。他们的规模并不大，但这家企业平均每个月都能够为员工安排一到两场的专业培训。在和这家企业的总经理进行沟通的时候，他告诉我，他们之前通过各种渠道挖了很多管理人才和技术人才，但留下来的却很少，并且，留下来的那些人员的表现也让他们很不满意。对他所说的情况我表示理解，因为这种现象非常普遍。他还告诉我，他们每年都要花费大量的资金，用于对员工的培训，虽然课程听了很多，但效果却很一般。我告诉他，如果员工所处的工作环境没有发生本质的变化，依靠员工的激情去进行改变，将很难看到改善效果的。因为他们听的课程本身并不能够保证他们是否学会了什么，再加上企业没有对他们的工作流程进行改变，他们就没有改善的空间，而且，改善范围只能在自己的职责范围内，这样就减少了可改善的对象。我们知道，企业改善很多时候不是对某个人的工作内容的改善，而是员工之间的改善。你的工作改变了，别人的工作没有改变，最后你就会变成一个异类，即使你能抵抗得住别人的看法，你也无法抵御别人的不配合。在企业中没有人配合你的工作，是很难实现本质上的改变的，这就是为什么企业通过单纯的培训是无法实现工作效率的改善的原因之一。

和这家企业的总经理聊了之后，他非常认可我的说法。他告诉我，他们现在对于表现好的员工，都由企业出资派到国内知名院校去学习，以此鼓励

培训不如行动

他们能够主动地提高工作效率。这位总经理非常开明，但他们缺乏一个能够让这些听完课的学员将学习成果转换为技能，从而实现工作效率提升的自我展现平台。学习不练习就等于没有学习，而练习不求精进，就等于会而不精，功夫练得再精而没有公平、透明的展现舞台，依然会失去奋斗的激情。

听完我的话后，这位总经理表示愿意静下心来听我的建议。我给他们的建议是：首先对企业的人力资源系统，如组织架构、权限划分、定岗定编、部门职能、岗位职责、晋升机制、工资体系、工资绩效方案等进行科学的标准化制定。让所有的员工对自己的工作分工明确，工作结果也要明确。然后，根据企业的实际情况进行财务核算管理。企业不适合进行以每个人为核算中心的细胞式核算管理，但完全可以实现以部门为单位的核算管理。对每个部门评估出他们的服务单次价格，这个价格对于他们来讲是销售价格，而对于得到他们服务的其他部门来讲，就是他们的成本，利润就是销售价格减去成本。这里要注意一点，对于每个部门的服务进行分级标价，购买者根据服务级别付钱。然后，对每个部门每个月进行利润核算。最后进行评比，对于那些赚的利润多的给予表扬和一定的物质激励；而对于那些利润最低的部门，尤其对于那些利润为负值的赔钱部门，给予整改要求——限定时间要求他们给出改善方案，根据改善方案要求他们进行改善。这样一来，既实现了企业的持续改善，同时，也实现了部门间的独立经营，而且，给每个员工以展现自己能力的舞台。这样，他们不是被动地按照企业的安排去参加培训，而是自主寻找欠缺的知识进行学习，并且，努力为自己部门的业绩而奋斗。

听了我的讲解后，这位总经理非常满意，但他也产生了两个疑惑：一个是这样会不会让员工都以自己部门的利益为最终利益，而忽视了企业的整体利益？我给他的回答很简单，企业的整体利益是什么？就是赚钱，只要大家的目标都是这样的话，我们的团队是不会缺乏全局观的，而且，部门之间互为客户和供应商，他们之间的关系应该比现在要强上很多倍。他又问我，这样的改革力度太大，恐怕他们很难实现，虽然他感觉并不难。我告诉他，你如果想实现明显的改善效果，最好请专业的咨询专家来帮忙，因为外来的人员做起来会更客观，所谓"外来的和尚好念经"。

企业都希望培养出大量的专业人才，并通过各种手段来实现这个目标，但他们的付出总是无法得到相应的回报,这样的结果使很多企业家倍受打击。但我们有时候也要考虑自己所采用的方法是否是进行精心设计过的。如果我们只是通过花钱从社会上购买,通过购买是很难实现人才发展战略的。如果任何事情都能够通过钱来解决的话,那就没有什么不能解决的了,设备可以购买,企业的硬件基本都可以购买,但是,实际上,企业的软件不是靠金钱就能够购买到的。否则,那些行业的成功者在未成功之时就不会那么艰辛了。构建管理系统是解决企业软件难题的最佳方法,培训对于企业来讲只是培养人才这个工作内容中的一个部分。

二、企业运营过程中的维护

如果我们将一个企业比作一台机器的话,如何确保这台机器能够正常运作,并且高效地运作呢?我们要保障两个目的的实现,他们分别是:①企业能保证所有的工作职责都有有效的结果;②各职能部门间要保障协作的高效。

(一)企业能保证所有的工作职责都有有效的结果

1. 不要忽视任何一种工作的岗位职责

如果把企业比作一台机器的话,那么,企业的每一个岗位的工作职责就是这台机器的每一个零部件。换句话讲,就是企业的每一个员工都是企业这台机器的零部件,他们各自为企业提供专业的工作职责。如果企业这台机器缺少了某一个零部件或者某一个零部件出现问题,那么,就会直接影响到企业的运营。即使某些员工的工作职责很简单,但他的作用就像是企业这台机器中的一颗螺丝钉,失去一两个"螺丝钉"企业依然可以运作,但是,他是企业这台机器出现问题的一个潜在危害。首先,会影响到企业这台机器的其他零件,导致其他零件被损坏的机率的提升。随着时间的流逝,其他零件也会因此而出现问题,到那时产生的伤害将更大。其次,这个有问题的螺丝钉就像一枚定时炸弹,等到企业遇到难题的时候,或者当企业内部出现问题的时候,会增加问题的影响面,为企业带来更大的伤害。

2. 权责明晰的工作职责有利于应对突发事件

企业是由很多职能部门组成的,例如生产部门、采购部门、营销部门、技术部门等,这些部门分别完成企业的各项功能。而这些部门又是由很多工作职责组成的，也就是说，要想实现企业的某个功能，靠一个人是无法实现的，需要几个人来实现。这个时候，就对员工提出了工作职责的要求。这些工作职责是为了完成企业的一些功能。这些功能的高效配合构成了整个企业的服务能力或生产能力。所以，当企业中的某一项工作职能出现问题的时候，就会影响到企业的整体服务能力或生产能力。一般当问题发生的时候，面对这个问题的不是当事人，而是整个企业的工作职责都将面临考验。如果考验没有过关，那么，问题就会继续放大。突发问题对于一个企业来讲是经常出现的，那么，对企业的各项工作职能的考验也是经常出现的，所以，企业需要建立一个专业的能经得住考验的团队。

3. 专业化是职业化的基础

保证每一个员工都能够专业地完成自己的工作职责，需要每一个员工都能够成为专业的员工。这就需要企业首先从社会上选择那些有机会成为这样人才的人，然后对他们的工作进行清晰的职责划分，这一步非常重要。员工要知道自己处于企业的哪一个部门，他和其他部门之间的关系等，这就需要企业根据自己的发展战略设计出属于企业的组织架构。然后，让员工明确自己的权限有哪些，他所处岗位的编制情况。紧接着，明确企业的每一个部门的工作职能。如果员工能够很好地完成工作，将会得到更大的发展空间和相应的物质奖励，这就是企业人力资源中的晋升机制、员工工资体系、工资绩效考核方案。

上面所讲的这些是人力资源体系建设的内容，它是每一个企业都应该具备的基础管理内容。如果企业有实力，希望取得更大的成功的话，那么，就应该在上述改善的基础上，让每一个员工都成为一个独立的经营体，或者让每一个部门成为一个独立的经营体。

（二）各职能部门间要保障协作的高效——会议如何开

如果把企业比作一台机器的话，那么，各零件之间默契配合才能展现出该机器的最佳性能。如何保证机器的各个零件之间的配合效果达到最优呢？那就需要我们及时预防和发现这台机器零件间的不协调，也就是企业要及时发现各职能部门间的不协调，还要对企业运作中出现的问题及时解决，防止问题扩大化、复杂化。要想实现一台机器各零件的协调配合，还需要不断地进行机器的维护工作。凡是操作机器设备有经验的人都知道，要想使机器设备的性能优良，操作只占30%，更重要的70%是维护。那么，对于企业来讲，它运营过程中的维护工作是什么呢？就是企业会议。对于一个企业而言，会议的作用就是一种工作协调，也是重大决策和问题解决的依靠。但有的企业经常开会，会议效率却很低，这其中不只是会议占用的时间较长，最重要的是，会议开得再热烈，很多时候也没有实质的结果。会议一般分为三种：例行会议；专项会议；质询会议。

1. 例行会议如何开

所谓的例行会议就是我们常讲的例会。一般来讲，例会的时间都比较短，是企业三种会议中最短的一种会议。例会的使用也是最频繁的，有的例会一周就要开一次甚至两次，目的就是进行之前工作的总结，对发现的问题进行沟通和对管理信息的互通，它的主要作用就是信息交换。企业中的例会主要有早会、产销协调会、班前会、部门例会等。

企业开例会这种会议要注意语言简洁明了，对一些较大的问题不进行详细探讨，以防止拉长会议的时间。如果发现的问题需要及时解决的话，主要采取临时方案解决，具体方案可以采用专项会议的方式对解决问题的方案进行探讨。我建议例会时间不要超过30分钟，如果超过30分钟了，还有问题没有解决，就另找时间组织专项会议讨论解决。例会主要是实现对部门信息的沟通，让相关人员都知道。控制例会时间可采用框架式会议的召开方式，参加会议的人员先按照例会规定的内容逐项主动汇报，遇到疑问进行简单沟通。最后进行特殊情况沟通，需要召开专项会议，针对问题进行沟通，大家一致同意后，就另选时间召开，如已有专门的会议针对该类问题，就放到专门的会议上沟通。总之，开例会一定要注重效率。

2. 专项会议如何开

专项会议是由企业某个高层领导或者某个部门申请召开的会议，该会议的召开主要是针对企业的某个事项或者某个问题进行探讨，并得出最终结论。由于专项会议需要得出某项结论，所以，一般专项会议的时间较难把握。但是，如果一个专项会议召开了一个小时了，还是没有明确的结论，那么，建议可以将专项会议分几次召开。这样一来，参加会议的人员可以回到工作岗位中寻找可以帮助找出会议结论的信息,还可以让参加会议的人员静下心来思考会议主题。

一般专项会议都会有一个主题,大家围绕这个主题进行沟通探讨,并且,对于专项会议一定要有详细的会议记录,大家都要为自己的发言负责,不可以信口开河。会议结果必须明确由谁完成哪一部分工作,需要多长时间完成工作,由谁进行工作结果审核,如果需要下一次后续工作讨论时,会议时间也要确定下来。专项会议必须有专门的会议记录人和会议主持人,会议过程中还要有工作事项完成人、会议内容落实跟踪人、会议内容落实结果审核人等这些人员的确定。如果是讨论问题的会议,会议一开始还需要一个讨论项目报告人。该会议不仅要严格控制开会的时间,还要确实会议完成事项以及完成时间和相关责任人,这部分的工作一般由会议记录员来完成。

3. 质询会议如何开

质询会一般是定期召开的,它和例会不同的地方在于:质询会是属于工作结果评价会议,是企业考核体系中的一部分。一般来讲,质询会是每个月或者每周召开一次,主要针对每个部门和关键人员的工作计划完成情况进行审核。质询会需要配置经过训练的专业的会议主持人,这是质询会和专项会议、例会不同的地方之一。质询会还需要制定出明确的会议流程,质询会绝不是讨论会。一般来讲,质询会是展示下一个月的工作计划,还有上一个月工作计划的完成情况,一般都是由当事人进行讲解,并且,将要讲的内容打印或者制成PPT来进行展示。参加质询会议的其他还没有展示自己信息的人,可以对正在展示的人的工作内容进行质询,比如:对计划制定的合理性质询(例如,对有疑惑的地方,询问当事人这样制定的理由是什么),对计划完成结果进行质询(例如,你不认为这项计划已经完成)。一般来讲,质询会都要有企业内部的审核部门或者专人进行相关工作计划的跟踪核算。

质询会的使用对一个企业非常重要,它可以提升一个企业的执行能力。但是,质询会需要对相关人员进行专门的培训和训练。首先,对主持人的要求较高。其次,会议流程必须合理,尤其对于汇报的内容必须量化。如果大家讲的计划本身就有一些虚词,那么,后期的结果质询是根本没有意义的。

如果将各个部门和主要人员的工作计划进行量化制定，并对结果进行量化描述，这都需要专业的培训和学习。

三、企业管理者的正确决策

企业管理的过程中，最重要的就是管理决策了。我们知道，现在民营企业的大多数决策工作是由企业的总经理或董事长来完成的，这对于一家小型企业来讲，可以勉强维持企业的运营。

一家企业有很多大决策需要总经理来完成，如企业的战略决策和组织架构的维护决策等，但如果企业的总经理将大量的时间用于对琐事的决策上，那么，这家企业的正常运转都将是一件困难的事情。一家企业的管理系统最基本的状态，应该是企业的每一个人各尽其责，总经理做属于总经理的工作，副总经理做属于副总经理的事情，部门经理做属于部门经理的事情，基层管理人员做属于基层管理人员的事情，一线员工按照工作标准进行工作，这样的企业才能算是一家正常运作的企业。当然，很多总经理之所以不放权，主要原因是对企业的管理人员不放心。很多管理人员怪总经理没能做到"疑人不用，用人不疑"。这样看来，双方都有苦衷，如何化解他们的矛盾呢？其实，对于企业出现的很多需要解决的问题，很多时候，当事人是最有发言权的了。因为他们对事情了解得是最详细的了，而且，对于该事情的解决也是最专业的，但是，为什么还是不能够得到总经理的认可呢？主要原因是总经理担心他们做决策的时候不能够从全局出发，不能够从企业的利润和投资成本出发。他们的出发点和目标是不同的，企业的总经理是以企业的整体利益为出发点，而企业的其他管理人员在进行决策的时候，难免处于局部的利益或者自己负责的工作内容的利弊出发，这个时候是很容易出现偏差的。

案例分享4：这批订单如何分配

在江苏有一家主要生产企业工作服装的企业，他们在行业中有一定的知名度，很多大型的国有企业都从他们那里采购工作制服。该企业的生产经营情况在同行业中属于较好的，他们的各项工作基本都是由总经理来决策。企业虽然有3个副总经理和其他完备的部门，但是，他们更多的是工作的报告

这批订单如何分配

我去度假,
公司的事交给你们了!
您放心!
好的!
你看这两个急单?
大家开会讨论!
我们一致决定做型号少的订单!
订单1
订单2
好,型号多的订单
我们交给合作企业!
怎么办?大的合作企业
都不愿接型号多的订单!
没事!这边一家
小企业愿意做!
交货迟了一周!还都是残次品!
我要退货!
我们来分析一下。
这批订单如何分配?
1.当大的合作企业不愿接型号多的订单
时,应采取新的解决措施。
2.与客户沟通:是否可以延长交货时间。
3.那笔型号多的订单由自己来完成。

人和执行人，为此，他们都有抱怨，希望企业能够给他们决策的权力。总经理也知道其他管理人员关于这方面的想法，于是，有一次总经理决定全家出国旅游，借此放权给企业的其他管理人员，看看他们是否能够做出正确的决策。

在总经理出国的这段时间里，该企业正好接到了两笔订单，客户催得都很急。但是，以企业的生产状况，只能完成一笔订单的生产工作，另一批订单需要交由其他企业代为完成。这两笔订单的利润率基本差不多，不同点在于：其中一笔订单的工作服装的型号比较少，而另一笔订单的工作服装的型号比较多。由于服装的型号越少，效率越高，员工和生产管理人员越喜欢。面对这种情况，该企业主抓营销的副总经理和主抓生产的副总经理开会，讨论后决定这笔容易生产的订单由自己来完成生产，而另一笔型号较多的订单由其他合作企业来完成生产。这样的决策全公司是没有一个人反对的，他们和总经理也汇报了这个情况。总经理一是在度假中希望能够得到很好的休息，二是也很想满足他们自行决策的希望，所以，并没有详细了解事情的情况，只是告诉他们这件事情由他们开会决策就行了。接下来问题出现了，他们找大的服装生产合作企业，没想到这些企业都不愿接这种型号多的订单。于是，他们找了一家中小型的服装生产企业。因为是生产工作制服，所以，他们也没有对这家企业进行系统的考核。没想到，这家企业并没有按照之前说好的时间进行交货，而是整整拖了一周多才交货，导致客户非常生气。由于时间延误得实在太长了，他们也没有对合作企业交来的货进行详细的质量检查，只是进行简单的抽检。等到这批货送到客户那里的时候，问题就变得更加严重了。客户打来电话非常生气地说：这些服装存在严重的质量问题，要求全部退货。

对于这家企业，我们首先不去评论他们质量管理上的漏洞以及他们与合作企业之间的合作问题，我们只是对他们的决策进行分析。企业的总经理告诉我，如果是他来进行决策的话，一开始他也会进行这样的决策，将容易生产的订单由自己的企业来完成。但是，在执行的过程中，如果发现那些好的合作企业不愿意接他们的订单，他们就应该采取新的解决措施。首先是和客户讲明实际情况，看是否可以延长交货时间；如果不可以，那就只好将那笔型号少的订单交由与他们有过合作的企业来做，因为他们是不会拒绝接好订单的，而那笔型号多的订单则由自己来完成。

从上面这个案例中我们可以看出，这家企业的总经理的决策是非常正确的。可惜，他当时不在企业，所以，导致企业出现这么严重的经营后果，赔钱事小，企业的声誉恐怕会受到很大的影响。但是，一家企业的管理决策工作有很多，尤其当企业的规模不断壮大的时候，每天需要做出很多决策，这个时候，一个人即使有三头六臂恐怕也难以有精力完成。这家企业之所以出现这样的问题，与总经理长期不放权有直接的关系。培养企业的管理人才是需要在企业的经营过程中持续进行的。当这些职业经理人平时没有得到系统的培养的状况下，企业遇到需要解决的问题时，只能大战来时思良将了。这家企业的管理人员决策的错误就在于，他们首先缺乏一个全局性的有效产出系统分析方法；其次，他们缺乏动态调整的观念。接下来，我会为大家介绍可以帮助企业完成各种决策的有效产出会计。

（一）有效产出 T 的计算

1. T，可以代表企业赚钱速度的单位

企业的目标是赚钱，那么，企业的一切决策和行动都要以此为目标。有效产出 T 是用来衡量一个企业的赚钱速度的单位。所谓正确的管理决策是指那些最有利于企业发展的决策，有利于企业发展的决策也就是可以提高企业赚钱速度的决策，可以提升有效产出 T 的决策。

有效产出 T 的计算公式是：销售价格 S – 材料成本 VC = 有效产出 T。因为有效产出会计是被用于企业管理决策中的，所以，数据的收集不在于精确，而在于准确。此外，决策还要及时。否则，这样的决策依然是失误的。要想让企业的每次决策都能准确完成是有一定的难度，而且要保证决策能在最短的时间完成也更难。TOC 有效产出会计 TA 就是要实现在最短的时间做出正确的决策。接下来，我们通过案例来教大家如何计算 T。

案例分享 5：决策中的数据

有一家四星级酒店，由于市场的竞争日益激烈，这家酒店的新客户增加速度在不断放缓，而老客户却在不断流失。酒店的总经理对此非常忧心，所以，决定进行经营改革。首先，他们希望能够将那些老客户留住，同时，能够增加新客户的数量。于是，这家酒店制定出了一系列的方案，并由相应的部门负责。当然，这些方案最终都需要酒店进行资金的投入，但是，由于酒店历年以来的经营状况并不好，对于这次方案的资金投入有些困难，希望能对方案进行一定的精简，减缓资金的投入力度。面对这种情况，酒店管理层开会进行讨论。他们一共开了 5 次会议，最后都是不了了之。大家都认为自己的投资预算已经很少了，而其他部门的投资预算则很高，所以，互相之间都不肯进行精简，导致会议最后都是以争吵结束。为了让大家能够快速了解他们的方案预算情况，整理数据如表 1-1 所示。

表 1-1　　　　　　　　　　　　　　　　　　　　　各方案预算情况

序号	方案内容项	预算
	广告宣传	
1	与公交公司合作，在公交车体上进行广告宣传。	150000 元 / 年
2	招聘 5 名营销人员，通过电话营销寻找企业进行商务会议合作。	200000 元 / 年
3	举办活动，邀请客户来酒店，赠送打折券和礼品。	90000 元 /3 次
	服务升级	
1	对酒店后厨进行整改，引进新菜系。	100000 元
2	对酒店的个别陈旧设施进行维修和重新装修。	500000 元
3	为员工定制新的工作服，采购一些酒店装饰用品。	80000 元
4	请专业的公司对酒店的员工进行系统培训，提高员工的工作水平。	200000 元

表 1-1 中一共有七个整改项目，这七个项目的预算是通过供应商报价和财务、采购讨论计算得来的，所以说，这些数据本身的准确度还是很高的。我们知道，对于这样的方案，在实施的过程中一般预算费用都不够，最后都需要追加投入，但是，这家酒店就预算本身还需要减少 1/3 的投入。最后，这家酒店由于无法精简预算方案，导致方案的实施时间一拖再拖。后来，他们找到了我们，希望我帮助他们进行精简。我们对他们的实际情况进行了了解，因为之前有过合作，所以，信息收集工作也很快完成了。我们让他们对七项工作项目的赚钱速度 T 进行计算，寻找出赚钱速度相对最低的那几项，然后，有重点地进行精简。为了让每项工作的参与人员对决策心服口服，我们让他们通过数据承诺酒店，通过这样的投资可再增加多少销售额。我们的

第一章 企业高效考核

管理咨询老师帮助他们进行客户的数据分析，然后，分别对每项投入的销售和增加情况进行科学统计，最后结果如表1-2所示。

表1-2　　　　　　　　　　　　　　　　　　　　　对各项方案预算情况的科学统计

序号	方案内容项	预计增加销售额
	广告宣传	
1	与公交公司合作，在公交车体上进行广告宣传。	
	针对该项投资咨询过同行，收益较慢，但有一点作用，可增加的销售额不确定。	
2	招聘5名营销人员，通过电话营销寻找企业进行商务会议合作。	5000000元/年
	酒店的大小会议室一共有3个，单天使用费用在15000元到30000元之间。现在他们的会议室使用效率只有46%左右，预计最佳状态可以增加70%的使用效率。销售提成及销售成本预计要增加500000元。	
3	举办活动，邀请客户来酒店，赠送打折券和礼品。	300000元/年
	活动在之前曾举办过，效果一般，通过之前搞过活动后酒店的消费情况看，可以增加300000元到500000元的销售额，由于打折券本身会增加一定的成本，折扣是多少，成本就增加多少，并且，对一些客户的忠诚度有所提升，所以，经过讨论，确定直接增加销售额为300000元，同时可以增加客户的忠诚度。因为他们每年举办一次活动，所以，我们对销售额只计算一年的增加额。	
	服务升级	
1	对酒店后厨进行整改，引进新菜系。	
	根据之前后厨的整个经营情况看，酒店可以增加一定的销售额，但酒店销售的菜品之间本身就存在内部竞争，客户点的菜品总数变化不大，这样的改进更多的是战略发展的需要。	
2	对酒店的个别陈旧设施进行维修和重新装修。	700000元
	同上面的一样，该项措施有助于增加销售额，但更多的是战略发展的需要。最后，大家还是根据行业经验，预计可以增加700000元的销售额。	
3	为员工定制新的工作服，采购一些酒店装饰用品。	
	该项措施所能产生的效果非常有限，由于对酒店形象进行了重新塑造，所以，该项改善措施是必不可少的内容，具体能够增加多少销售额，根本无法计算出，而且，这项预算本身是根据酒店的总人数制定出来的，可精简的空间不大。	
4	请专业的公司对酒店的员工进行系统培训，提高员工的工作水平。	
	该项培训请的是专业的咨询公司，费用是最低的，没有什么可以精简的空间。	

根据表 1-2，我们发现这家酒店用于发展战略的投资并不多，只有最后一项的投资额度比较高，是 200000 元，其他的投资额度并不大，即使全部精简了也没有多大的意义。最后，我们对这家酒店可以计算出有效产出 T 的项目进行计算，计算结果如表 1-3 所示。

表 1-3　　　　　　　　　　　　　　　　　　　　　有效产出 T 的项目的计算

序号	方案内容项	有效产出 T
广告宣传		
1	与公交公司合作，在公交车体上进行广告宣传。	
2	招聘 5 名营销人员，通过电话营销寻找企业进行商务会议合作。	4030000 元/年
3	举办活动，邀请客户来酒店，赠送打折券和礼品。	210000 元
服务升级		
1	对酒店后厨进行整改，引进新菜系。	
2	对酒店的个别陈旧设施进行维修和重新装修。	200000 元
3	为员工定制新的工作服，采购一些酒店装饰用品。	
4	请专业的公司对酒店的员工进行系统培训，提高员工的工作水平。	

通过计算，我们知道了他们的投资回报率分别是有效产出除以投资成本（也就是他们的预算额），结果，广告宣传的第二项投资回报率异常的高，即使实际效果不能达到这么好，但也绝对值得投资。最差的是服务升级中的第二项，即使在最佳状态下，投资回报率也并不高。最后，这家酒店决定出于战略发展的需要，对广告宣传中的第一项暂时搁置，服务升级中的第二项虽然投资效果一般，但出于战略发展的需要可以分两个阶段进行投资，第一阶段只投资 2/5。经过这样的处理，这家酒店的整个项目预算额减少了 38%。

2. 有效产出 T 的计算方法

企业的投资问题一般都采用投资回报率来进行计算，上述案例中有详细的有效产出的计算过程，大家可以参考学习。上文我们讲了一家酒店的案例分析，接下来，我们对一家生产制造企业进行案例分析。

案例分享6：如何计算有效产出

某工厂生产工艺如图1-2所示，经营的基本信息：产品销售价格=100元/件；原材料成本=50元/件；每月的运营费用=60000元；每月工作30天；工人总数，退火车间5人，车加工车间50人，热处理5人，磨车间30人，包装40人。目前，工厂产品的市场需求供不应求。你能计算出工厂每月的有效产出和净利润吗？

```
130件/天      80件/天      120件/天     100件/天     110件/天
 ( 退火 ) → ( 车加工 ) → ( 热处理 ) → ( 磨加工 ) → ( 包装 )
```

图1-2　工厂生产工艺

计算公式为：T=S-VC=（100元/件 -50元/件）80件/天×30天/月=120000元。

用每个产品的销售价格减去原材料的成本，就能计算出每个产品的有效产出。通过简易的流程图，我们可以看出该工厂的生产瓶颈在车加工上，由于每天的产出就是由瓶颈工序决定的，所以，每天的产出就是80件/天。由于平均每个月工作30天，所以，该工厂每个月的有效产出就是用每天的有效产出乘以80件/天，算出每天的有效产出后，再乘以每个月工作的30天，就算出了每个月的有效产出。

该工厂是一家机械零部件生产企业，他们的生产瓶颈在车加工工序上。所以，在计算每一天的产能的时候，一定要以瓶颈工序的产能作为整个生产线的产能，绝对不能够以最大的产能或者生产线的平均产能来计算，很多管理者容易犯的错误就是以最大的产能或生产线的平均产能计算有效产出。切记：企业决策的过程中，需要动态调整，不可以犯教条主义错误。当事情的发展出现变动的时候，我们就要对决策进行动态调整。所以，管理人员在进行决策的时候，一定要建立四个观念，它们分别是：系统观、有效产出观、逻辑观、动态调整观。

（二）库存I的计算

1. T、I、OE的动态存在

有效产出会计中的库存I是系统为了销售而投资的资金，或系统占用的资金。这个库存不是指企业仓库中存放的那些货物的价值。例如，企业购买了一台设备，这台设备价值损耗的部分就是企业的运营费用 OE，而这台设备现存的设备价值就是企业的库存 I。例如，企业账户上有 1000000 元的流动资金，这部分资金未来如果购买了设备，那么，设备消耗掉的就是企业的运营费用 OE，设备依然存在的价值就是企业的库存 I。企业的库存是指企业花掉的钱，依然存在的那部分价值就是企业的库存，而彻底消耗掉的价值就是企业的运营费用。换句话讲，那些一去不复返的资金就是企业的运营费用 OE，而依然存在价值的那部分核算成价值就是企业的库存 I。

2. T、I、OE 在企业决策中的应用

我们通过 T 可以对企业的赚钱速度进行评估，从而选择提升赚钱速度最快的那个决策。企业通过 I 可以对净资产进行评估，通过 I 我们可以了解投资所形成 I 的比例是多少，从而了解价值的损耗速度，从而对投资金额和投资项目本身进行决策。库存对于一个企业来讲是对资金的挤压，投资金额转换为库存 I 和运营费用 OE 的比例变化，可以作为投资项目的可行性的评估。我们可以通过库存 I 来了解一家企业的净资产情况。对于一家企业而言，所谓的坏资产是指那些赚钱速度 T 最小、库存 I 较高，而 OE 却很大的资产，这样的资产就是企业的坏资产。如果企业进行资产重组的话，这样的资产是首要剥离对象。

案例分享 7：坏资产还是好资产

在江苏无锡有一家布料生产集团，其之前的发展速度极快，从事的行业也多样化。这家集团一共有 19 家分公司，其中有 12 家是主营业务布料生产的公司，还有几家是服装生产公司，还有一家小型电厂，一家太阳能零部件生产企业。该集团规模较大，在当地也有一定的声望，但他们近年来一直处于亏损状态。为了能够让集团恢复赚取利润的能力，经过当地银行的帮助，这家集团进行了资产重组，将集团的坏资产进行剥离。资产剥离过程是根据市场情况进行设计的，结果，这家集团的分公司从过去的 19 家减少到 12 家。虽然对坏资产进行了破产处理，集团的经营状况有所改变，但经营依然困难。面对实际情况，这家集团的总经理虽然已经六十多岁了，但为了集团的发展

第一章 企业高效考核

坏资产还是好资产

仍然决定加强学习，他到清华大学学习现代管理学。就这样，他成为了我的学员。课下，这名总经理多次与我进行探讨，并且，邀请我到他们集团去。

我到了他们的集团后，经过简单的了解，发现他们当初进行资产重组的时候所使用的方法是错误的，导致集团依然存在很多坏资产。例如，该企业的电厂规模较小，无法与大的电厂相提并论，电厂的有效产出虽然较为稳定，但库存 I 和运营费用 OE 非常大。由于只有不到一天的咨询服务时间，时间比较紧，所以，我未能对这家集团的整个资产情况进行详细的了解，我们只是简单地对他们现有的 12 家分公司进行评估，发现这家电厂的资产情况是最差的。集团当初是根据市场稳定的情况，认为电厂是最不应该被卖掉的，但实际上，这家电厂是最应该剥离掉的坏资产。这样，集团可以通过将电厂剥离掉，得到一笔可观的资金，用于对经营情况最好的分公司的投资。可惜的是，他们经营状况最好的分公司得不到投资，同行都在壮大，他们这个行业又有一定的规模效应需要，导致这些分公司高不成、低不就。他们现在也发现这个问题了，但他们是后知后觉，这样的察觉是要付出代价的。如果当初他们进行资产重组的时候就能做出正确的决策，就不会让集团失去这么多的机遇，同时给集团增加这么多的负担。

（三）运营费用 OE 的计算

1. T、I、OE 的动态存在

有效产出会计中的运营费用 OE 是指所有花在把库存变成有效产出上的资金，换句话说，是流出系统的资金。T、I、OE 在有效产出会计中非常重要，有效产出会计的决策计算公式基本都是以它们三个为基础的。OE 是企业的运营费用。OE 对于一个企业来讲，当然是花费的越少越好，因为 OE 的消耗只是为了将企业的库存 I 变成 T，也就是说，库存 I 还能以另一种价值的方式存在于企业中。例如，以设备的方式、成品的方式、半成品的方式、厂房的方式等存在于企业里。而运营费用 OE 的消耗随着库存 I 不断地转换为有效产出 T 而不断的投入，不论投入多少，它都将不会以某种价值方式存在于企业中。所以，企业的预算管理更多的就是企业的运营费用管理，企业间的成本竞争也是在完成同样数量的库存 I 转换为有效产出 T 的情况下，看哪家企业的运营费用 OE 使用的最少。

2. T、I、OE 在企业决策中的应用

TOC 的有效产出会计不同于我们的传统会计，传统会计较为死板，缺乏灵活性。例如，在传统的会计中，员工成本就是员工成本，它以一种成本的方式存在并进行计算，原材料成本等都是如此。所以，导致传统会计计算起来特别复杂，不利于数据的收集和及时计算，导致在决策的时候帮不上忙。而有效产出会计 TA 则非常灵活，名词也非常少，主要就三个——T、I、OE，企业计算起来也很简单，这样一来，不容易出现错误，人们学习起来也更加容易。例如，如果一线工人的工资和原材料的消耗或者与生产出来的产品的数量成正比，我们在计算企业的有效产出 T 的时候，就可以将原本属于运营费用的人工成本算到原材料中。当然，一般情况下，企业的运营费用中包括员工成本；但在特殊情况下，有些员工的工资可以作为原材料成本计算。例如，企业的销售部门的人工成本就可以看做销售部门的原材料成本来计算。这样一来，既保证了计算数据的绝对准确，也保证了数据对现状的展现。下面，我将通过详细的案例教大家如何计算企业的库存 I 和运营费用 OE。

案例分享 8：就这么简单而有效

某工厂基本资料：企业建立至今有 3 年的时间，企业有员工 120 人，管理人员 40 人，一线生产工人 80 人。管理人员的月总工资为 200000 元，生产线工人的月总工资为 200000 元。企业共有设备 15 台，其中使用达到 3 年的有 5 台，使用达到 2 年的有 5 台，使用达到 1 年的有 3 台，新买设备使用不到 1 个月的有 2 台。这些设备的理论使用周期和设备价格如表 1-4 所示。

该企业生产产品的原材料成本是 100 元/件，销售价格是 120 元/件，每日可生产产品 1000 件，库存基本维持在 5000 件，原材料库基本维持在 1000000 元。生产工人每天三班倒工作，生产 22 个小时，每月工作 26 天。每个月的广告营销费用是 100000 元，对外接待费用是 100000 元，运输费用是 150000 元，办公耗材费用 20000 元。请问该企业每个月的运营费用 OE 是多少？该企业三年后的第一个月的库存 I 是多少？

表 1-4　设备的使用年限及价格

使用年限	设备分类	设备价格	设备年折损率	设备折损
3 年	A	2000000 元	15%	900000 元
	B	1800000 元	15%	810000 元
	C	1000000 元	15%	450000 元
	D	800000 元	15%	360000 元
	E	400000 元	15%	180000 元
2 年	B	1800000 元	15%	540000 元
	C	1000000 元	15%	300000 元
	C	1000000 元	15%	300000 元
	D	800000 元	15%	240000 元
	D	800000 元	15%	240000 元
1 年	A	2000000 元	15%	300000 元
	B	1800000 元	15%	270000 元
	B	1800000 元	15%	270000 元
使用不足一个月	C	1000000 元	15%	0 元
	D	800000 元	15%	0 元

运营费用就是企业为了将库存 I 转换为有效产出所花掉的费用，这家企业设备折损掉的费用就属于企业的运营费用，员工的工资不论是一线员工还是管理人员，一律都属于运营费用。运输费用、营销费用、办公耗材费用、对外接待费用都属于运营费用。那么，这家企业的月运营费用 I=200000 元+200000 元+100000 元（营销费用）+100000 元（对外接待费用）+150000 元（运输费用）+20000 元（办公耗材费用）+300000 元×2/12（A 设备折损费）+270000 元×4/12（B 设备折损费）+150000 元×3/12（C 设备折损费）+120000 元×3/12（D 设备折损费）+60000 元×1/12（E 设备折损费）=982500 元。

库存就是企业为了销售而占用的资金，是存在于系统中有价值的部分。案例中的这家企业每个月的库存基本维持在 5000 件，所以，这家企业的产品库存为 120 元/件（销售价格）×5000 件=600000 元。设备除去折损剩下的价值：A 设备：1100000 元+1700000 元=2800000 元；B 设备：990000 元+1260000 元+1530000 元×2=5310000 元；C 设备：550000 元+700000

元 ×2=1950000 元；D 设备：440000 元 +560000 元 ×2=1560000 元；E 设备为 220000 元。企业三年后第一个月的库存 I=600000 元 +2800000 元 +5310000 元 +1950000 元 +1560000 元 +220000 元 +1000000 元 =13440000 元。

（四）纯利润（NP）：NP=T-OE

我们在前文对有效产出 T 已经做了详细的介绍，通过有效产出 T 就可以看出该笔订单或者企业的赚钱速度，而纯利润是用来衡量企业的赚钱能力。对于大多企业来讲，他们的产品售价基本上都是一样的，差距并不大，这个时候，他们生产产品所采用的原材料的成本也基本都是一样的。那么，此时，纯利润就是一个用来衡量企业赚钱能力的最佳数据。通过较少的运营费用的投入，而产生同样的有效产出，这时，企业的赚钱能力也是最高的。有效产出 T 并不是企业赚到的钱，这里的纯利润才是企业真正赚到的钱，只有这部分钱才是企业的真正收入。企业进行新的投资等活动也只能动用这部分钱，包括股东间的分红也只能动用这部分钱。下面，我们通过一个案例来进行进一步的讲解。

案例分享 9：大企业争不过小企业

有这么两家企业，我们分别称他们为甲企业和乙企业，这两家企业都生产同样的产品。其中，甲企业规模较大，年生产能力为 100000 件；而乙企业是一家小微企业，年生产能力只有 25000 件。这两家企业常有订单上的争夺，一般情况下，乙企业的订单报价都低于甲企业。这两家企业的厂房等固定设施的投资差距很大，甲企业建造了现代化厂房，总投资为 40000000 元；而乙企业的厂房等设施主要采用租用的方式，由于地段偏僻，租借费用为一年 500000 元。甲企业拥有管理和后勤服务人员 180 人，生产人员 820 人。乙企业拥有管理和后勤服务人员 10 人，生产员工 190 人。该行属于劳动密集型钣金制造行业，他们的原材料基本都是钢材，成本价格差距不大，甲企业可以通过集中采购的方式降低一定的成本，但他们的成本差距实在太小，为了计算方便，我这里以原材料成本来计算。

假设甲企业每件产品的平均销售价格是 1000 元，而乙企业平均每件产品的销售价格为 950 元。甲、乙两家企业平均每件产品的人工成本是 300

元（只包括一线员工的工资），单件原材料平均成本是300元，管理和后勤服务人员的平均工资是每月5000元。由于该行业的发展放缓，资金的保本投资最低利息是10%。此外，甲企业有办公运营成本3000000元，乙企业由于规模较小，办公运营成本只有200000元。下面，我们分别计算一下这两家企业的销售有效产出和销售利润是多少。

假设企业营销状况良好，企业产能被完全利用。

甲企业的有效产出T=销售价格S-原材料成本VC=单件销售价格×销售量-（单件原材料成本+单件一线员工人工成本）×销售量=1000元/件×100000件-（300元/件+300元/件）×100000件=40000000元。

乙企业的有效产出T=销售价格S-原材料成本VC=单件销售价格×销售量-（单件原材料成本+单件一线员工人工成本）×销售量=950元/件×25000件-（300元/件+300元/件）×25000件=8700000元。

我们通过上面的数据发现甲企业的赚钱速度快，当然，这和甲企业的库存I远大于乙企业的有关。

甲企业的厂房价值损耗是根据自己的投资回报率来计算的。

甲企业的纯利润NP=有效产出T-运营费用OE=有效产出T-（厂房等固定资产的投资损耗+管理和后勤人员的成本+办公运营成本）=40000000元-（40000000元×10%+180人×5000元/月×12月+3000000元）=22200000元。

乙企业的纯利润NP=有效产出T-运营费用OE=有效产出T-（厂房年租费用+管理和后勤人员成本+办公营运成本）=8700000元-（500000元+10人×5000元/月×12月+200000元）=7400000元。

甲企业的赚钱速度是比较快的，因为它的有效产出T是乙企业的4.7倍。而此时甲企业的纯利润NP只有乙企业的3倍，可见，甲企业的赚钱能力是不如乙企业的，既然赚钱能力不如乙企业，也就代表着甲企业的生存压力大于乙企业。

甲企业如果需要降低成本，应该从运营费用入手。下面，我还会为大家讲解关于企业生产力的公式，我们通过生产力的计算公式也能发现甲企业的赚钱能力不如乙企业。企业规模发展壮大了，不只是表现在企业的厂房变大了，产能增加了，员工增加了，而应该表现在企业的赚钱能力的增加上。如何让企业的赚钱能力增加呢？那就是让企业的每一个员工以及企业的产品本身提升赚钱能力（提升产品的无形附加价值）。例如，通过单元经营模式，让每个员工或部门实现独立核算，这样，让每个员工都成为企业的利润创造者，而不是企业的成本控制对象，这就是我们在后文要和大家分享的"UTA单元有效产出经营管理模式"。

（五）投资回报（ROI）：ROI=（T-OE）/I

1. 企业发展离不开投资，正确的投资决定企业的发展

投资在企业创立之初就已经产生了，而且，企业在经营的过程中不断地进行投资，例如增加员工、购买设备、购买原材料等都是投资行为。企业的发展壮大的过程伴随着不断的投资，也就是说，一家企业的"家底"不是一夜之间产生的，它是企业在经营的过程中慢慢积攒起来的。而且，企业的投资行为不是只有企业的老板、总经理在做，企业的所有人员都是企业投资的实施者，只是涉及的内容不同而已。

在企业中，涉及到投资行为的事情有这些：招聘新的员工、购买新的设备、设备改造、研发新的产品、广告宣传投资、办公工具的购买、工艺改善等。投资行为一定伴随着资金和有价值的事物的投入，人们自然而然地都会担心投资会不会达不到预期效果。这并非是多虑的，过多错误的投资会带来企业成本的加重。如果投资可以增加企业的净利润，这样的投资就可以增加企业的赚钱能力；如果投资无法达到预期的效果，就会增加企业的运营成本和库存。所以，企业的投资行为不仅有增加运营成本的危险，也有增加企业库存的危险。这样的投资会增加企业的净资产量，但不能增加企业的赚钱能力，会直接影响着企业的竞争力和生存能力，就像有些民营企业家将每年赚到的钱基本都用于企业的继续投资，但最后的结果只是得到一个庞大的企业，而企业业绩并没有太大的改变。

2. 企业投资的目的是什么

企业的很多运营费用和库存都是通过投资行为产生的，这样一来，企业越做越大，企业的有效产出也有一定的增加。但是，总体来讲，企业的纯利润和投入相比却没有增加多少。有些企业家和我抱怨，现在企业赚到的净利

润还不够企业出租厂房、设备赚得多，更不如将钱投资房地产赚得多。这种情况说明企业的投资回报实在是太低了，企业需要更有效的投资决策。有一句谚语叫"好钢用在刀刃上"。很显然，企业的钱没有用在刀刃上，有些甚至都打了水漂了。这个问题绝对不是总经理或者老板一个人的问题，企业的每一个管理者都会承担一定的投资决策，大家都没有高度重视企业的投资行为。所以，企业要想发展壮大，打好每一场"战役"，就需要利用好手中的"弹药"。否则，"弹药"再多都没有用。

企业花出去的每一分钱都是投资行为，不论该项投资是为了社会效益还是经济效益，总之，投资就是为了效益。大型的投资需要企业对市场和自身的经营状态了解清楚。否则，就会因为过度投资造成企业无法支撑投资成本而使资金链断裂。一旦资金链断裂，再好的投资都只能是半成品，企业也将面对巨大的生存挑战。一般企业的投资行为更多的是以小规模资金投入的方式进行。如何控制好企业经营中的投资消耗，就需要企业全体员工共同努力。可惜的是，我们的传统管理方法中很少涉及到这部分内容，导致企业控制住了看得到的大钱，却失去了很多"小钱"，这些"小钱"叠加起来的数目也是巨大的。

有些管理人员抱怨企业在某些投资上不愿意花钱，抱怨老板太抠门。当然，实际经营中也存在这样的现象，但还有一种情况，即一项不能增加企业的赚钱能力且只是增加企业的运营成本和库存的投资，是没有必要做的。下面的两个案例都是关于企业的投资问题，通过案例，我们进行进一步的学习。

案例分享10：是否对设备改造投资

某企业产品的生产工艺流程如图1-3所示。

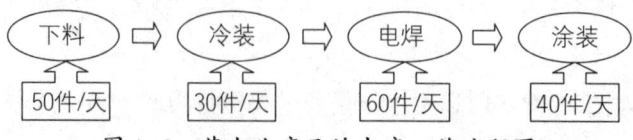

```
┌────┐   ┌────┐   ┌────┐   ┌────┐
│下料│ ⇒ │冷装│ ⇒ │电焊│ ⇒ │涂装│
└────┘   └────┘   └────┘   └────┘
50件/天  30件/天  60件/天  40件/天
```

图1-3 某企业产品的生产工艺流程图

由于人工成本不断增加,该企业为了提高生产效率、降低生产成本,决定对生产过程进行自动化改造。单个产品的销售价格是100元,原材料成本是50元,月运营费用是3000元,企业平均每月工作30天,每年工作12个月。设备改造数据分析如表1-5所示。

表1-5　　　　　　　　　　　　　　　　　　　　　　　　设备改造数据分析

序号	工序	改造投资金额	月设备折损	减少人工成本	日增加产能
1	下料	100000元	1.25%	400元/天	6件
2	冷装	50000元	1.25%	800元/天	20件
3	电焊	80000元	1.25%	0元/天	4件
4	涂装	200000元	1.25%	1000元/天	20件

首先,我们要排除对电焊工序的自动化改造。因为即使所有的工序都进行改造,除了电焊工序的其他工序的产能都无法超过60件/天,也就是说,电焊的产能不论增加多少都无法增加总产出。所以,对电焊的自动化改造无需投资。

通过该企业的工艺流程可以明显地发现,该企业的瓶颈工序是冷装。冷装工序产能的提升,直接可以实现总产能的提升。如果此次自动化改造冷装的日产能提升20件后,瓶颈工序将会漂移到涂装工序,如图1-4所示。

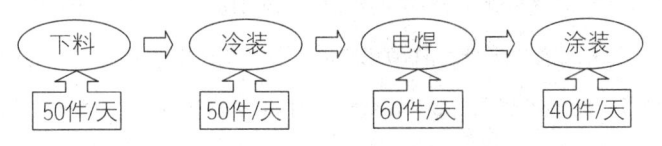

下料 ⇨ 冷装 ⇨ 电焊 ⇨ 涂装
50件/天　50件/天　60件/天　40件/天

图1-4　提升冷装工序的产能

接下来,该企业对涂装工序进行自动化改造,日产能提升20件。通过对涂装工艺的改造后,我们会发现瓶颈工序重新漂移到冷装,如图1-5所示。

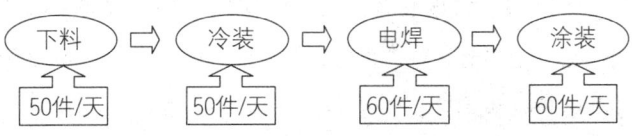

下料 ⇨ 冷装 ⇨ 电焊 ⇨ 涂装
50件/天　50件/天　60件/天　60件/天

图1-5　源装工序自动化改造后

高效决策与自运营

接下来，我们发现下料工序的自动化改造最终只能实现人工成本降低400元/天。由于下料是非瓶颈工序，所以，下料工序产能的增加无法让总产出增加。自动化改造后的标准产能情况如图1-6所示。

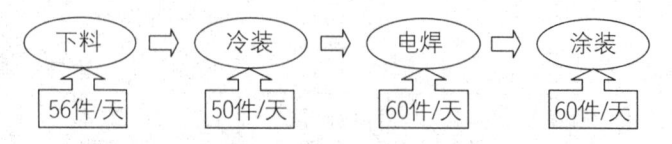

```
下料 ⇨ 冷装 ⇨ 电焊 ⇨ 涂装
56件/天  50件/天  60件/天  60件/天
```

图1-6　自动化改造后的标准产能情况

下料工序进行自动化改造后，月有效产出增加△T=0，月人工成本减少400元/天×30天=12000元，月设备折损增加了100000元×1.25%=1250元，月运营费用增加△OE=1250元-12000元=-10750元。有效产出没有任何的增加，但是，运营费用却减少了10750元。根据净利润公式NP=T-OE，可以计算出净利润的增加：△NP=△T-△OE=0元-（-10750元）=10750元。根据投资回收期公式进行计算：100000元÷10750元/月=9.3月，即9.3月收回投资成本（忽略利息和货币贬值）。根据投资回报公式ROI=（△T-△OE）/△I=[0元-（-10750元）]/（100000元-1250元）=10750元/98750=0.11。该项投资回报较低，企业可以根据资金情况来做出抉择。

冷装工序进行自动化改造后，如果涂装工序没有进行自动化改造，月有效产出增加：△T=10件×（100元/件-50元/件）×30天=15000元。如果涂装工序进行自动化改造，月有效产出增加：△T=20件×（100元/件-50元/件）×30天=30000元。月人工成本减少为：800元/天×30天=24000元，月设备折损增加了50000元×1.25%=625元，月运营费用增加了△OE=625-24000元=-23375元。如果涂装工序没有进行自动化改造，净利润增加△NP=△T-△OE=15000元-（-23375元）=38375元，投资回收期为50000元÷38375元/月=1.3月，即1.3个月收回设备投资（忽略利息和货币贬值）。投资回报ROI=（△T-△OE）/△I=[15000元-（-23375元）]/（50000元-625元）=38375元/49375元=0.78。由于投资回收期只有1.3个月，投资回报率已达到0.78，该项投资完全可以实施。如果涂装工序进行了自动化改造，净利润增加△NP=△T-△OE=30000元-（-23375

元）=53375元，投资回收期为50000元÷53375元/月=0.94月，即0.94个月收回设备投资（忽略利息和货币贬值）。投资回报ROI=（△T-△OE）/△I=[30000元-（-23375元）]/（50000元-625元）=53375元/49375元=1.08。由于投资回收期只有0.94个月，投资回报率已达到1.08，该项投资完全可以实施。

涂装工序进行自动化改造后，月有效产出增加△T=10件×（100元/件-50元/件）×30天=15000元；月人工成本减少1000元/天×30天=30000元，月设备折损增加了200000元×1.25%=2500元，月运营费用增加△OE=2500元-30000元=-27500元。净利润增加△NP=△T-△OE=15000元-（-27500元）=42500元，投资回收期为200000元÷42500元/月=4.7月，即4.7个月收回设备投资（忽略利息和货币贬值）。投资回报ROI=（△T-△OE）/△I=[15000元-（-27500元）]/（200000元-2500元）=42500元/197500元=0.22。由于投资回收期为4.7个月，投资回报率也只有0.22，该项投资回报较低，但投资后的效果还可以。所以，建议企业在资金允许的情况下，完成该项投资。

下料和电焊工序在现阶段不需要进行投资，冷装和涂装的投资先后顺序为：优先涂装，然后是冷装。

案例分享11：是招聘辅助工，还是招聘实习工

某企业经营状况良好，产品的生产管控和质量管控以及技术更新在同行中遥遥领先，企业的市场开拓能力也很强。结合现状和战略发展的需要，该企业决定对生产产能进行提升，以解决生产能力不足、准交率低的问题。经过生产管理人员的计算和研究，决定购买一批设备。设备购买回来后发现生产能力得到了提升，但没能达到预期效果，主要原因是缺乏有经验的熟练工。该企业需要招聘12名有经验的熟练工，经过三个月的招聘，最后只招到两名工人，但他们的工作经验和技能都不能让企业满意。这时，人力资源部给出新的方案，招聘辅助工8名，通过辅助工减少熟练工不必要的搬运等低价值的工作，有效地利用熟练工的工作经验和技能，总产能可以提升5%，8名辅助工的月总工资为16000元/月。招聘5名实习工操作机台，产品的报废率和设备维修费用比老员工高出20000元/月，总产能提升10%，5名实习工的月总工资为15000元/月。在不增加人员的情况下，企业的总产能为

16000件/月，单件的销售价格为100元/件，原材料成本是50元/件，企业每个月的运营费用是500000元/月。

首先，通过已知条件，计算出该企业增加8名辅助工后，总产能增加16000件/月×5%=800件/月。增加有效产出T=800件/月×（100元/件－50元/件）=40000元/月，增加净利润NP=T-OE=40000元/月－16000元/月=24000元/月。

其次，计算出该企业增加5名实习工后，总产能增加16000件/月×10%=1600件/月。增加有效产出T=1600件/月×（100元/件－50元/件）=80000元/月，增加净利润NP=T-OE=80000元/月－20000元/月－15000元/月=45000元/月。

总之，经过计算，我们发现该企业虽然投资了8个辅助工和5个实习工，企业每个月的净利润增加了69000元/月。所以，辅助工和实习工的招聘工作可以实施。

关于企业投资回报的决策问题很多，这里只是以两个案例进行讲解。好的投资可以提升企业的赚钱能力，减少企业的运营成本和库存压力；而坏的投资则是相反。

（六）生产力（P）=T/OE

1. 生产力关系到资源吸引力

生产力是对一个企业最佳的经济衡量单位，通过生产力数据，我们就可以了解到消耗与有效产出之间的比例关系。当企业的生产力越来越没有优势的时候，它的发展动力就会逐渐失去，社会各种资源也将远离它而去，企业没有了资源就什么都不是了。很多企业已经发现这一点，于是，它们开始通过各种方法提升自己的生产力。可以说，生产力决定着企业对社会资源的吸引力。

2. 提升生产力的三种方法

提升生产力有三种方法：

①在企业有效产出T变化不大的情况下，降低企业的运营费用OE。

②在企业运营费用OE基本不变的情况下，提升企业的有效产出T。

③在提升企业的有效产出T的同时，降低企业的运营费用OE。

对于两家规模基本差不多，服务的客户群也基本差不多的企业，在它们的产品有效产出情况也差不多的情况下，如果市场要对它们进行取舍的话，能够不影响产品的有效产出：运营费用最低的企业的生产力是最佳的，那么，经济规律就一定会选择它继续存在于市场中。我们在上文已讲过，运营费用中是不包括原材料成本的，所以，企业要想对运营成本进行缩减，唯一的办法就是提升企业的生产效率。其实，企业提升生产力除了可以提升企业的生产效率从而降低运营费用外，还可以通过提升服务品质、品牌建设、新技术研发等方式提升产品的销售价格，从而提升企业的有效产出 T。这样也可以提升企业的生产力。

3. 生产力决定着企业的行业地位

生产力是衡量一个企业的生存发展能力的最准确的工具，也是对一个行业的竞争能力的最佳衡量方法。当一家企业想将自己的产品销往国外，开辟国外市场的时候，我们就可以通过对企业生产力的对比，来寻找最适合我们的市场区域。当一家企业的生产力是全行业中最高的，那么，这家企业一定会成为整个行业的领导者，因为生产力决定了企业的行业地位。很多知名企业都会为自己制定出生产力的发展目标，他们坚信只要生产力得到了提升，企业的生产和发展就不是问题。如果企业的生产力没有得到提升，并且，处于整个行业最低的时候，企业就没有存在的理由。我们知道生产力低下，代表着企业的浪费多。那么，一个生产力极度低下的企业，他不光浪费着社会资源，同时也影响着整个行业的发展，所以，这样的企业必然会被抛弃。

企业的生产力得到提升了，就代表着企业的浪费现象减少了。那么，什么是浪费呢？对于企业来讲，所谓的浪费就是指不能有效地提升生产效率的付出。所以，企业可以将生产力作为日常管理工作的决策依据，这样就可以减少浪费行为，提升企业的生产力。

4. 面对生产力，我们要实事求是

《孙子兵法》中有一句至理名言："知己知彼，百战不殆。"当我们对实际的情况不了解时，我们如何能够做出明智的决策呢？我们如何能够选择好自己要走的路呢？我们如何能够持续发展呢？可见，一家企业能够实事求是地了解自己的经营情况，能够准确地判断企业通过努力是否可以得到提升，这对于一个希望得到发展的企业来讲非常重要。更重要的是，在每天的工作中，有哪些有助于企业的发展，是企业所必须坚持和持续改善的；有哪些影响企业的发展，是需要企业坚决抵制的？这些都可以通过企业的生产力变化情况和各项工作的生产力情况来进行选择取舍。

5. 正规的管理系统如何弥补漏洞

案例分享12：赶快入库

在江苏省苏州市有一家生产电子原件的企业，他们是一家外资企业。该企业希望在提升员工积极性的同时提高员工的团队意识，所以，公司董事会决定，如果每个季度企业达到了集团制定的经营目标，就给公司全体员工发放季度奖金，奖金额度是季度利润的2%。这对于每个员工来讲可不是一个小数字。如果他们达到经营目标的话，普通员工都可以多拿接近一个月的工资。所以，每到季度末，人们就开始盘算是否达标，并且，积极地和财务沟通。每当他们不能达标的时候，就会问财务还差多少，然后，催促现场将生产线的成品全部入库。对于那些没有完成订单量的成品也是先入库一部分，甚至把检验不合格的也都入了库房。这也成为大家一个不公开的秘密了。

从上面这个案例中，我们可以发现这家企业实际的经营状况并没有得到任何改变，只是企业人为地增加库存量。这样一来，企业的财务报表就会焕然一新，这种现象在很多企业中也屡见不鲜。生产力的公式是：$P=T/OE$，从公式上，我们可以看到，企业的经营状况以及生产力的情况和企业的库存没有任何关系。

任何管理系统都不可能做到十全十美，一定存在漏洞，如果员工非要采

第一章　企业高效考核

赶快入库

用寻找漏洞的方法来获取利益,企业靠不断地补充管理系统并不是明智之举,因为庞大的管理系统会影响到企业的经营效率。企业最佳的做法应该是制定简单而有效的考核管理系统,这样要比精细化管理的成本低很多,员工的积极性更容易被调动。生产力指标就是一个非常好的考核元素,它的简单、有效让员工无法找到考核漏洞,员工只能团结奋斗。

案例分享 13:原来不一样

在上海有一家生产食品的企业,他们生产的食品销往全国绝大多数地区。由于市场竞争日益激烈,该企业在忙于开发市场的过程中发现利润在不断地减少。由于原材料的价格和人工成本也都在不断地增加,企业也多次提高销售价格,虽然企业的生产规模在不断增加,企业的市场也在不断增加,但企业的销售利润却基本没有增加,甚至有的时候还减少了。面对这样的情况,该企业开了多次的会议,得出了很多结论,但依然不知道应该如何着手解决这个困局。我们经过调研后发现,该企业的生产规模是增加了,企业还引进了国外自动化水平很高的生产设备。由于企业的产能增加了,需要更多的市场份额,于是,企业在全国的各个地区大量地建设营销网店和中转仓库,导致企业的运营费用异常地增多,企业的库存l也大量增加,每年因为各种原因中转仓库中的产品报废量也不断增加。所以,企业的生产规模虽然增加了很多,但运营费用增加得更多。虽然企业的销售额增加了很多,但真正的利润却没有增加。

我们从该企业的三大财务报表中只能看到销售利润的减少,并不能看到原因是什么。企业引进新设备可以减少 30 名一线工人,同时,产能可以提升 30%。这家企业如果按照过去的生产模式,生产产能是 1000 吨 / 年,企业有一线员工 150 人,企业的销售价格为 100000 元 / 吨,原材料成本为 8000 元 / 吨。企业一线工人的平均工资是 3000 元 / 月。投入新设备后可以增加产能 15%,但设备投资金额是 5000000 元,银行存款利息是 5%。设备使用寿命是 15 年,设备的维护费用平均为 300 元 / 天。企业的其他运营费用由过去的 1500000/ 年增长到现在的 3500000/ 年,企业的员工平均每个月工作 22.5 天。

手工操作设备生产情况下的生产力计算：

生产力 P= 有效产出 T/ 运营费用 OE =（10000 元 / 吨 −8000 元 / 吨）×1000 吨 ÷（150 人 × 3000 元 / 月 × 12 月 +1500000 元 / 年）=13.3。

自动化设备生产情况下的生产力计算：

生产力 P= 有效产出 T/ 运营费用 OE=（10000 元 / 吨 −8000 元 / 吨）×1000 吨 ×（1+15%）÷【5000000×(1+5%)/15+300 元 / 天 ×270 天 +120 人 ×3000 元 / 月 ×12 月 +3500000/ 年】=12.8。

在上文的这个案例中，如果该企业的运营费用没有增加到 3500000 元，还是过去的 1500000 元，那么，这个时候，企业的生产力就变成 16.9。可见，企业在进行扩张发展的过程中一定要注重对生产力的提升，产能和销售量的提升不是企业的发展目标，企业的发展目标是提升生产力，赚取更多的钱。

（七）投资效率（EOI）=T/I

1. 什么是投资效率

企业发展的过程就是一个资本不断投资增加的过程。如何衡量一个企业的投资行为是否得当，就需要根据企业的投资效率来衡量。尤其当企业的资金压力较大的时候，企业更要注重投资效率。企业投资要以战略发展的思路进行决策，但当企业的资金和经营状况都不佳时，企业就需要注重投资效率。企业的投资行为是无处不在的，例如更换设备、建造一些设施等，甚至包括购买一支圆珠笔。企业发展过程中的投资不是一日或者几日就可以完成的，而是在企业的漫长经营过程中不断完成的。就像我们兜里的钱，它不一定是我们一次性花完的，很多时候是在不知不觉中慢慢被花完的。企业的花钱行为就是投资行为，企业赚钱需要正确决策，花钱也需要正确决策。其实，投资效率很多时候是以一种经验的方式存在于管理人员的大脑里，当某项投资行为回报较低或者回报周期非常长的时候，他们就会考虑是否要继续投资。在企业的管理过程中，我们不反对经验管理，但我们更希望企业能够通过科学的分析方法进行决策，这样做不仅更加准确，而且，更容易被更多的管理人员所掌握。

2. 企业如何提升投资效率

我们知道，企业投资的钱有一部分会转换为库存 I，另一部分则会转化成为一去不复返的运营费用 OE。企业的投资目标是，投资产生的库存 I 可以让企业产生更多的有效产出，而投资产生的运营费用 OE 则是越少越好。

要想提升投资效率，可以以投资金额的多少来作为由谁作决策的依据。例如，投资金额超过 10000 元，就由总经理来进行决策；当投资金额少于或等于 10000 元的时候，交由直接负责人来进行决策。这样做，决策效率也是最高的了。因为我们知道总经理对企业的总体经营情况很了解，但他对一些经营细节就不一定那么清楚了，所以，将一部分决策权下放给当事人是最有效的。那么，用什么来保证负责人的决策是准确和负责的呢？这里不仅需要高度的责任心，还需要高效而准确的决策分析方法。投资效率 EOI 就是最好的投资参考数据。它计算简单，并且可以直接呈现出投资效率的情况，有利于企业投资决策的分析。投资效率的应用可以和投资回报结合使用，根据企业投资的实际情况来进行决策。

当我们对投资后的赚钱速度考虑较多的时候，可以通过投资效率来进行决策。当我们对投资后的赚钱能力增加情况考虑得较多的时候，可以通过投资回报来进行决策。例如，企业在购买设备的时候，一般情况下，企业是根据投资回报来进行决策的。如果购买了新的设备可以增加企业的赚钱能力，那么，就可以购买新的设备。可是，有的时候，企业购买的新设备对于企业赚钱能力的提升并不大，但企业还是进行投资，因为这个时候，企业更需要增加赚钱速度，例如企业在抢占市场的时候，赚钱速度就更为重要了。

案例分享 14：占领市场，才有未来

在江苏昆山有一家生产电路板的企业，这是一家外资企业。该企业是由美国通用集团和新加坡的一家企业共同投资建立的。电子配件生产企业的竞争非常激烈。传统电路板的竞争已经进入微利时代，该企业为了能够提升竞争优势，通过技术研发生产出当时最先进的柔性电路板。这种电路板和传统的电路板不同，其市场竞争优势非常明显，而且，根据现代电器行业的发展

趋势，该电路板的市场增长速度非常快。该企业要想生产这种新型的电路板，就需要购买一些新的设备。由于该企业最近一段时间的经营状况不佳，资金紧张，于是有很多人反对在这个时候进行投资。

该企业传统电路板的平均销售价格是400元/平方米，成本是200元/平方米；柔性电路板的平均销售价格是500元/平方米，成本是250元/平方米。本次投资设备金额是10000000元，设备使用寿命是8年，银行利息是5%。企业购买新设备后每天可以生产柔性电路板100平方米。该企业传统电路板人工成本是50元/平方米，柔性电路板由于在工艺上多出两道工序，尤其是员工对其的生产较为生疏，平均人工成本是90元/平方米。如果该企业将这10000000元投资于传统电路的设备，那么，可以增加产能——125平方米/天；同样，设备使用寿命为8年。投资旧产品和新产品设备，每天需要平均增加维护费用100元。

投资回报率计算：

假设投资传统电路板，增加的日有效产出T=日增加产能×每平方米的销售价格–相应原材料成本=125平方米/天×400元/平方米–125平方米/天×200元/平方米=25000元。

增加的日运营成本OE=日增加产能×每平方米的人工成本（其他增加的运营成本不做计算）=125平方米/天×50元/平方米+100元/天=6350元。

增加的库存I=投资金额×(1+银行利息)=10000000×(1+5%)=10500000元。

ROI=（T–OE）/I=（26000元–6500元–100元）×365天×8年/10500000元=5.2。

假设投资柔性电路板，增加的有效产出T=日增加产能×每平方米的销售价格–相应原材料成本=100平方米/天×500元/平方米–100平方米/天×240元/平方米=26000元。

增加的日运营成本OE=日增加产能×每平方米的人工成本（其他增加的运营成本不做计算）=100平方米/天×90元/平方米+100元/天=9100元/天。

增加的库存I=投资金额×(1+银行利息)=10000000×(1+5%)=10500000元。

ROI=（T–OE）/I=（26000元–9000元）×365天×8年/10500000元=4.7。

我们从数据上可以看出，新产品的销售价格是 500 元/平方米，而传统产品的销售价格是 400 元/平方米。如果企业根据销售价格进行决策，一定会选择新产品的投资，其实，这种决策是错误的。我们按照投资回报来进行决策，发现旧产品的投资回报率为 5.2，而新产品投资回报率是 4.7，投资旧产品的投资回报最大。所以，我们一般会决定选择继续投资旧产品，因为它的投资回报高。如果企业这样进行决策了，那也大错特错了。因为这样的投资只注重了眼前利益，而忽略了长远利益。

投资效率计算：

假设投资传统电路板，增加的日有效产出 T= 日增加产能 × 每平方米的销售价格－相应原材料成本 =125 平方米/天 ×400 元/平方米－125 平方米/天 ×200 元/平方米 =25000 元。

增加的库存 I= 投资金额 ×（1+ 银行利息）=10000000×(1+5%) =10500000 元。

EOI=T/I=25000 元/天 ×365 天 ×8 年/10500000 元 =6.95。

假设投资柔性电路板，增加的有效产出 T= 日增加产能 × 每平方米的销售价格－相应原材料成本 =100 平方米/天 ×500 元/平方米－100 平方米/天 ×240 元/平方米 =26000 元。

增加的库存 I= 投资金额 ×（1+ 银行利息）=10000000×(1+5%)=10500000 元。

ROI=（T–OE）/I=26000 元/天 ×365 天 ×8 年/10500000 元 =7.23。

通过投资效率的数据，我们可以发现投资于新产品柔性电路板的投资效率最高。

企业的投资回报的计算结果和投资效率的计算结果完全不同，我们到底应该投资哪个呢？大家看到这里可能就有些迷惑了。其实，大家大可不必迷惑。当企业的决策以增加赚钱能力为决策对象的时候，那么，企业就应该按照投资回报率来进行决策。如果企业发现当前的赚钱速度在放缓，需要提升企业的赚钱速度的时候，企业就需要进行投资效率的决策，这点一般适用于企业对大型的项目投资选择。其实，一般情况，投资回报率和投资效率的结果是一致的，只是在特定的情况下其结果是不一致的。

第二章
UTA 单元有效产出经营管理模式

本章导读

第一节　做好最重要的三件事
第二节　UTA 经营管理模式介绍
第三节　独立存在方式下的 UTA 经营管理模式
第四节　绩效考核方式的 UTA 应用
第五节　战略部门考核方式的 UTA 经营管理模式

第一节　做好最重要的三件事

企业经营的过程中无非是在完成三件事情：第一件是提升投资回报；第二件是提升服务品质；第三件是培养出一流的人才团队。这三件事情哪家企业做得好，哪家企业的生存和发展就不会成为问题。可是，企业在经营的过程中如何保证投资回报最高呢？那就需要企业的员工都关注企业的整体投资回报，而不是只关心自己或者自己部门的投资回报。提升服务品质是每一个企业都在不断进行持续改善的内容，因为服务品质直接关系到企业的收入，但企业提供给客户的服务品质是需要所有员工的共同努力来完成的，如何让企业的所有员工都能主动去为这个目标努力呢？不仅需要人们对企业利益和客户价值的认同和支持，还需要员工将其作为自己的事业来完成。

企业的组成元素是人、机、料、法、环，可见，人在企业组成元素中排名第一。如果一家企业没有一流的人才团队，那么，它依靠什么来超越竞争对手呢？所以，企业必须培养出属于自己的人才团队。

本章要为大家介绍的这套方法可以帮助企业做好上述三件事，以最快的速度改善企业的生态环境。它就是 UTA 经营管理模式。类似于 UTA 的经营管理模式有很多，如稻盛和夫的阿米巴经营模式，海尔的"人单合一经营模式"等。但是，很可惜，他们的这些成功的模式只适合于产生这些模式的企业，因为这些模式本身是这些企业在日常工作中不断积累经验创新发展出来的，是这些企业的发展特色，不适宜广泛复制。所以，企业要想使用这种模式就需要结合自己的实际情况，设计出适合自己的 UTA 经营管理模式。在本章，我们将讲解 UTA 的设计原理和操作方法，企业可以根据自己的实际情况，设计出适合自己的 UTA 经营管理模式。

第二节 UTA 经营管理模式介绍

一、UTA 的名词解释

UTA 是 Unit Throughp Accounting 的英文缩写，中文全称是单元有效产出。这套管理方法的核心就是单位时间内单元有效产出的核算管理。这套管理方法就是要实现员工的自主经营，是实现划分最小核算单位的理想模式。我们在前文讲过企业经营需要做好三件事，其实，在企业中最愿意做好这三件事情的人就是企业的老板。让企业的员工将各自作为一个独立的经营体，全身心地投入到企业的经营当中去，是一家企业梦寐以求的目标。如果每一个员工都能够像老板那样为企业鞠躬尽瘁的话，企业的业绩将会越来越好。

二、打破传统，走出黑暗地带

传统的企业管理模式中的最佳状态是由企业的最高领导者制定出企业的经营目标，然后，通过一系列的管理制度和物质激励，将这个目标分配给企业的所有员工。我们知道，这样的管理方法会让企业的管理人员不断地增加，让管理流程不断地被复杂化，企业也很难实现让所有员工都能够像总经理那样为这个目标努力奋斗。当然，这里不仅涉及到每个员工为此奋斗的意愿度，还涉及到大家的互相协调。如果我们让每一个员工都成为一个独立的经营体，而其他人员是他的客户或者供应商、竞争对手，这个时候，企业的工作效率会非常高，企业怎么可能不发展呢？

三、UTA 经营模式的分类

在前文中，我已经为大家介绍了关于 TOC 有效产出会计中的一些计算公式，其中有一个计算公式值得所有的企业关注，那就是有效产出 T 的计算公式。这个计算公式非常简单，我们完全可以对企业的每一个员工进行该公式的计算，利用每个员工的有效产出情况进行考核。UTA 经营管理模式在企业中的运行有三种方式：第一种方式是独立存在的方式，也就是说，它不影响企业的绩效考核体系、员工晋升机制等考核体系；第二种方式是与企业的绩效考核系统相融合，成为企业绩效考核数据的来源；第三种方式是企业已有的绩效考核方法不改变，以部门考核的方式进行 UTA 业绩考核，这样也能达到企业的 UTA 经营管理模式效果，只不过，这样做的效果会略差一些。下面，我会以这三种模式分别为大家介绍 UTA 的经营管理模式。

第三节　独立存在方式下的 UTA 经营管理模式

独立存在方式下的 UTA 经营管理模式是"有效产出 TA"、"阿米巴"和"QCC"核心管理方法的整合，这种管理方法不拘泥于企业各部门的组织架构控制，它独立形成一整套管理系统。要想实现这种管理模式，需要做好以下几个步骤。

一、第一步：对员工进行有效产出会计设定

（一）UTA 经营模式的运行方式

我们知道，评价一家企业的经营情况最好的衡量指标就是它的赚钱速度。如果一家企业的赚钱速度比别的企业快，说明这家企业的经营状况良好；如果这家企业的赚钱速度低于其他企业，说明这家企业的经营状况不佳。对于经营状况好的企业，就可以继续增加投资；而对于经营不好的企业就只能改进或者关闭。同理，对 UTA 经营管理模式中的员工也使用这样的经营规律：对于那些独立经营状况好的 UTA 小组，企业将更多的人员分配到它的 UTA 经营小组中去；对于经营差的 UTA 小组就只能拆解，然后，将其归到好的 UTA 小组中去。可见，UTA 经营模式是以小组模式进行的，只是核算的时候要精确到每一个岗位的员工。

（二）高效并且容易着迷的 UTA 经营管理模式

我们知道，企业进行绩效考核管理本身是存在成本的，很多企业在进行绩效考核管理的时候常忽略了成本的增加，有的企业是过度考虑成本的增加。UTA 经营模式对成本的增加是最少的，每个员工每天只需要增加一分钟的劳动量即可完成，和企业存在的各种浪费现象相对比，这样的投资根本算不上什么。很多企业的考核系统的数据收集和评价工作过于复杂，导致考核结果公布缓慢、效率低。当考核效率低的时候，如何保证它能够提升企业的整体工作效率呢？所以，企业应该构建一个考核效率高的系统。好的考核系统

就应该像打擂一样，胜负随时见分晓。如果玩的不好，还有挽回的机会；如果玩的好，可以叠加成果，继续奋斗。UTA 经营模式就是这样的"游戏规则"，员工的 UTA 考核数据随时可以给出。当员工的 UTA 考核数据不好的时候，他可以通过后面的努力工作来挽回之前的不良表现；当员工的 UTA 考核数据很好的时候，他可以叠加成果、继续努力。

（三）UTA 的使用前提——企业的人力资源管理系统必须完善

很多企业都有《人力资源管理手册》，在该手册中会有关于企业的整体组织架构，还有关于管理人员的权限划分、各个部门的定岗定编以及部门职能，这里我们就不一一介绍了。我们知道，企业的《人力资源管理手册》中对每一个岗位都有相应的岗位职责标准说明书。通过说明书，我们可以了解到员工所提供的工作服务需要哪些工作结果的支持，员工主要提供给哪些人什么样的工作结果，员工工作的过程中需要消耗什么资源。根据这些，我们就可以通过 TOC 有效产出会计进行成本和服务价值的评定工作。

下面，我们以一家国内的省级电视台的一个岗位为讲解对象，教大家如何通过企业的《人力资源管理手册》中的岗位职责标准说明书来进行有效产出会计核算。

案例分享 15：就这么简单

表 2-1 是一家省级电视台技术播出部演播室的技术岗位职责标准说明书。

表 2-1　　　　　　　　　　　　技术播出部演播室技术岗位职责标准说明书

岗位名称	演播室技术	所属部门	技术播出部	文件编号	
文件名称	技术播出部演播室技术岗位职责标准说明书			版本	
				页数	3
直接上级岗位	部门主任		直接下级岗位		
岗位核心价值	负责频道的演播室管理、技术支持、节目制作和设备维护维修，确保频道演播室系统的安全运行和节目的正常制作。				

续表2-1

岗位名称	演播室技术	所属部门	技术播出部	文件编号	
职责与工作结果					

职 责	工作结果
机房设备管理	1. 根据《机房管理制度》，负责完成频道演播室机房设备的登记管理，确保登记及时、准确。
	2. 根据《技术设备使用制度》，负责核查每位员工在演播室机房的使用权限状态，确保每位员工均按照正常权限使用设备，无差错。
技术支持	1. 负责完成指导工作人员使用演播室机房技术设备的问题解决，确保问题解决得及时、准确。
	2. 负责完成新进人员的演播室机房技术设备使用的培训和技术培训，确保培训合格率100%。
设备维修	1. 负责演播室视音频技术设备的维修工作，确保维修工作及时完成。
	2. 负责虚拟演播室系统设备的维修工作，确保维修工作及时完成。
	3. 负责演播室播出服务器的维修工作，确保维修工作及时完成。
	4. 负责将频道无法独立完成维修的设备送维修站维修，确保维修工作及时完成。
设备维护	1. 根据《设备维护计划》，负责完成演播室视音频技术设备的维护工作，确保及时完成率100%。
	2. 根据《设备维护计划》，负责完成演播室摄像机系统的维护工作，确保及时完成率100%。
	3. 根据《设备维护计划》，负责完成虚拟演播室系统设备的维护工作，确保及时完成率100%。
	4. 根据《设备维护计划》，负责完成演播室播出服务器的维护工作，确保及时完成率100%。
	5. 根据《机房布线标准规范》，负责完成演播室的线缆管理工作，确保播出机房所有线缆安全、有序，无失误。
	6. 根据《机房消防管理制度》，负责完成演播室的消防设施管理工作，确保频道播出机房的消防符合要求，无失误。
	7. 根据《机房卫生管理规范》，负责完成演播室的卫生管理，确保播出机房的卫生条件符合要求，无卫生问题。

续表 2-1

岗位名称	演播室技术	所属部门	技术播出部	文件编号	
委派工作		1. 负责完成频道大型活动和外场录制的技术支持工作，确保频道大型活动和外场录制无失误。 2. 负责完成部门主任及上级领导临时指派的工作任务，确保及时准确率100%。
岗位职业行为禁区	绝对禁止		1. 违反频道的宣传纪律，给频道带来损失。 2. 违反安全播出制度，造成安全播出事故。 3. 利用频道的设备和制作资源，为自身谋取利益。 4. 后果严重者将根据《中华人民共和国劳动合同法》之规定解除其劳动合同。
核心权限	财务权限		无
	运营权限		无
	人事权限		无
	任职资格要求
准入学历		全日制大学本科以上。
专　业		广播电视技术、计算机技术及相关专业。
经　验		有2年以上在广播电视行业的工作经验。
知识与技能		1. 具有广播电视技术和相应的计算机知识。 2. 具有虚拟演播室操作能力。 3. 有一定的沟通协调能力。 4. 具有文书写作能力。
职业素养	岗位素质		1. 高度认同频道的核心价值观。 2. 认同频道的管理方法和考核办法。 3. 坚持原则，坚守制度。
	个人素质		1. 诚实守信，性格开朗。 2. 责任心强，原则性强。 3. 沉稳、敬业、公正、耐心。
	工作条件
工作场所的固定性		固定

续表 2-1

岗位名称	演播室技术	所属部门	技术播出部	文件编号	
职业危险因素		1. 外出活动时具有一定的野外工作危险。 2. 高压电路操作危险隐患。			
预防职业危险因素的知识和防护	1. 增强野外工作防范意识，规范操作流程。 2. 制定和规范电路操作流程，提高警惕。				
协作要求					
内部客户	上级领导及频道各部门及栏目。				
外部客户	电视观众、合作单位和赞助商。				
批准		公司审核	编制		实施日期

表 2-1 是某电视台演播室的技术岗位职责说明书，该说明书中所描述的工作就是该岗位上员工的工作内容。我们对该岗位的每一项工作进行评定，其中的一些工作是可以通过工作结果的方式核算出其销售价格的；还有一部分是预防产生成本的工作，如果发生异常就会转换为企业的运营费用的工作。我们首先对其进行区分，看哪些工作项目是属于销售服务类，哪些属于预防运营费用类。同时，我们还要对分好类别的工作项目进行价值分析。如果是销售服务类，就计算出它的销售价格；如果是预防运营费用类，就计算出运营费用。如表 2-2 所示。

表 2-2　　　　　　　　　　　　　　　　　工作岗位的结果及价格评估

职责	工作结果	类型	价格评估
机房设备管理	1. 根据《机房管理制度》，负责完成频道演播室机房设备的登记管理，确保登记及时、准确。	运营费用	未登记一次100元。
	2. 根据《技术设备使用制度》，负责核查每位员工在演播室机房的使用权限状态，确保每位员工均按照正常权限使用设备，无差错。	运营费用	未登记一次100元。

第二章 UTA单元有效产出经营管理模式

续表 2-2

职责	工作结果	类型	价格评估
技术支持	1. 负责完成指导频道人员使用演播室机房技术设备的问题解决，确保问题解决得及时、准确。	销售服务	一人次技术解决150元。
	2. 负责完成频道新进人员演播室机房技术设备使用的培训和技术培训，确保培训合格率100%。	销售服务	一次培训1000元。
设备维修	1. 负责演播室视音频技术设备的维修工作，确保维修工作及时完成。	销售服务	单次维修400元。
	2. 负责虚拟演播室系统设备的维修工作，确保维修工作及时完成。	销售服务	单次维修400元。
	3. 负责演播室播出服务器的维修工作，确保维修工作及时完成。	销售服务	单次维修400元。
	4. 负责将频道无法独立完成维修的设备送维修站维修，确保维修工作及时完成。	销售服务	单次维修100元。
设备维护	1. 根据《设备维护计划》，负责完成演播室视音频技术设备的维护工作，确保及时完成率100%。	运营费用	出现一次故障150元。
	2. 根据《设备维护计划》，负责完成演播室摄像机系统的维护工作，确保及时完成率100%。	运营费用	出现一次故障150元。
	3. 根据《设备维护计划》，负责完成虚拟演播室系统的设备维护工作，确保及时完成率100%。	运营费用	出现一次故障150元。
	4. 根据《设备维护计划》，负责完成演播室播出服务器的维护工作，确保及时完成率100%。	运营费用	出现一次故障150元。
	5. 根据《机房布线标准规范》，负责完成演播室的线缆管理工作，确保播出机房所有线缆安全、有序、无失误。	运营费用	发现问题一次200元，如事故造成的损失。
	6. 根据《机房消防管理制度》，负责完成演播室消防设施的管理工作，确保频道播出机房的消防符合要求，无失误。	运营费用	发现问题一次1000元，如事故造成的损失。
	7. 根据《机房卫生管理规范》，负责完成演播室的卫生管理工作，确保播出机房的卫生条件符合要求，无卫生问题。	运营费用	卫生不合格一次300元。
委派工作	1. 负责完成频道大型活动和外场录制的技术支持工作，确保频道大型活动和外场录制无失误。	销售服务	单次2500元。
	2. 负责完成部门主任及上级领导临时指派的工作任务，确保及时准确率100%。		根据实际情况制定。

为了便于读者学习，在上例中，我们选择了工作项最多的岗位。实际上，

一般企业的员工岗位在 10 个工作项目左右。还要注意的是，每个岗位所设定的价格由各部门主管根据实际运行情况和 UTA 主管领导修改申报后，不定期地进行调整。

（四）T、NP 的选择使用根据企业发展需要而定

我们知道，T 是用来衡量赚钱速度的，而 NP 是用来衡量赚钱能力的。如果企业现阶段偏向于赚钱速度的提升，就加大有效产出 T 的价格比例，甚至直接以 T 为考核对象；如果企业现阶段偏向于赚钱能力的提升，就平衡有效产出 T 和 I 的比例关系；如果企业现阶段偏向于运营成本的缩减，就可以相对调高运营费用的比例。

二、第二步：组建 UTA 运营小组

我们通过单元有效产出 UTA 可以对每个员工进行核算，但员工之间的能力是存在差别的，作为企业，我们之所以为每个员工进行独立经营核算，不是为了多一条考核手段，而是为了通过独立经营核算提升员工的工作主动性，让员工自发地进行工作改善。同时，我们也希望通过员工的努力，培养出更多的专业人才。我们知道，依靠一个人来进行持续改善工作的效率是非常低的，尤其有些员工是不适合独立完成持续改善工作的，所以，我们要组建 UTA 小组来完成该项工作，让大家通过共同的努力和合作来完成。

（一）打破部门编制

1. 走出低效的"官僚金字塔"

独立存在方式下的 UTA 经营，其效果不只是对整体工作效率的提升，更重要的是对企业持续改善能力的提升。如果企业依然采用以部门为单位的 UTA 小组，很快，UTA 就会变成一种形式，而失去其本该发挥的作用。

我们知道，影响一个企业工作效率最主要的因素就是官僚等级制度。这种管理方式从外形上就是一个高大的金字塔，从管理特质上就是一种从管理人员的选拔到管理计划的制定，再到执行过程的管控，都采用一级压一级的方式，这样非常容易抹杀掉员工工作的积极性。所以，消除金字塔式的管理

是所有企业所希望的。而扁平化管理模式的管理效率是最高的，要想提升企业管理的扁平化效果，就需要打破官僚架构对人能力发挥的限制。

2. UTA 小组注意事项

UTA 团队是自由组合的，UTA 团队最少要有 3 个人，最多根据企业实际情况而定。如果企业里能力较强的人比较多，就可以多划分一些 UTA 团队；如果企业缺乏专业人才，划分的 UTA 团队可以少一些。每个 UTA 团队的领导者由 UTA 单元有效产出核算最优秀的人来担任。当团队中队员个人 UTA 单元有效产出核算值达到预定的标准数值时，可以从这个团队中分离出一个新的 UTA 团队。就这样，企业的 UTA 团队会越来越多，企业的精英人才也会越来越多，企业的业绩也会越来越好。

每个 UTA 小组的领导人实行定期轮换，轮换依据就是那些 UTA 核算结果。在 UTA 团队中以数据说话，不论这个员工是总经理还是部门经理、普通员工，只要他的数据最高，就可以成为团队的队长。为了给员工留足充分发挥的空间，企业的总经理等尽量不要参与，他们可以作为 UTA 运行的维护者和监督者。

3. 没有特权的经营管理系统

不要以为你是公司的副总经理，你参与到 UTA 团队中效率就一定会高，这样想就错了。你加入 UTA 团队后，这个团队的工作效率不一定会提高，更可怕的是，你会破坏平等的经营规则，不利于 UTA 经营模式的运行。部门经理可以参加到 UTA 团队中，但要一视同仁，不可通过权力之便进行资源的不公平分配。

因为 UTA 团队是独立运行的，它不参与企业各部门和领导人之间的行政管理，它与他们更多的是资源协作关系。如果 UTA 团队需要某些资源，企业的管理系统就需要对其进行评估，并给予支持。企业也不必担心会不会增加经营成本，UTA 单元有效产出核算本身非常简单，基本不需要增加工作量，每个人都进行销售产出和运营成本的核算。所以，他们会对自己的行为进行再三审视，再加上他们如果需要企业的资源支持，企业的管理系统也会进行判断。

（二）细胞繁殖模式的发展

企业的人才培养和赚钱能力的提升都需要一步一个脚印地逐步完成的。企业一开始组建 UTA 团队的时候不可以好大喜功，盲目地组建大量的 UTA

团队，这样做的结果只能是得不偿失。一开始，我们可以建立较少的 UTA 小组，因为在 UTA 经营管理模式运行的过程中，随着专业人才能力的不断提升，我们会对 UTA 团队进行不断的细分，给那些得到提升的员工更大的发展空间，让他们成为新的 UTA 小组的负责人，就像细胞分裂一样，如图 2-1 所示。大家不要小看这样的速度，这个速度是非常惊人的啊。下面，我们通过一个故事让大家感受这种复制方式的速度有多么惊人。

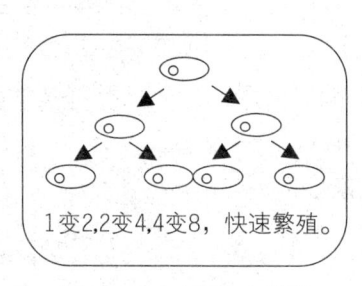

图 2-1　细胞繁殖模式

案例分享 16：棋盘里的米

从前，古印度有个国王，天性喜欢玩。有一次，国王下令在全国张贴招贤告示：如果谁能替国王找到一个奇妙的游戏，国王将给予重赏。一个术士揭了招贤榜。这个术士发明了一种棋，使国王爱不释手。于是，国王高兴地问术士："你对本王的赏赐有什么要求？"术士赶忙拜倒说："大王陛下，小的没有特殊要求，只请大王在那棋盘的第一个格子里放下一粒米，然后，在每一个格子里都放进比前一个格子多一倍的米，64 个格子放满了，也就是我要求的赏赐了。"国王一听，这么大的国家赏赐区区这一点米算得了什么，于是一口答应。可是，当国王找来算师一算棋盘中的米的粒数，顿时大吃一惊。原来，即使把全国的米都运来，也无法填满棋盘上的 64 个格子。这是为什么呢？国王究竟该赏给术士多少米呢？

我们来算一下：第一个格子是一粒米，第二个格子里放两粒米，共有 3 粒米，即 1+2=3。第三个格子中有 4 粒米，于是，前面 3 个格子中一共为 7 粒米，1+2+4=7。再加上第四个格子中的 8 粒米，共 15 粒，1+2+4+8=15，一直这样加下去，可以推知 64 个格子中共有 18446744073709551615 粒米。

在有些企业中，员工队伍的整体专业水平较低，大量的管理人员之前都是普通的员工，这样的企业有很多。面对这样的实际情况，企业一开始可以只组建 3 ~ 4 个 UTA 团队。切不可由于担心 UTA 团队数量少，效果不明显，就强行地分成多个 UTA 团队，这样做会造成 UTA 团队发挥的作用以及分裂出新团队的能力很差，以致影响企业 UTA 经营模式的深化。

三、第三步：平等的 UTA 运行平台建设

我们知道，最高效的企业管理并不是什么事情都亲力亲为，什么事情都管控到位，而是建造一个公平的经营模式，公平、自由是提升每个员工积极性的根本。这里说的自由不是员工想干什么就干什么，而是指按照规则做事的人所处的工作状态。

（一）UTA 核算方法

1. UTA 计算公式

UTA 最终核算的数据是每个部门或每个员工单位时间内的有效产出或单位时间内的纯利润。需要用到的公式是：单位时间有效产出 UTA=（销售价格 S- 原材料成本 VC）/ 时间周期 t。单位时间纯利润 UNP=（有效产出 T- 运营费用 OE）/ 时间周期 t。这两个公式是在有效产出 T 和纯利润 NP 的计算公式的基础上除以时间周期 t 得来的。时间周期 t 是指核算周期，不同的企业采用的时间周期是不一样的，一般的时间周期 t 主要有：单位小时（1 小时）、单位天（1 天）。"阿米巴"经营管理模式采用的是单位小时核算周期，这里建议对于那些生产周期较短的企业，如电子产品生产企业、批量零配件生产企业、服装生产企业都可以采用单位小时为核算周期。

2. UTA 核算特点

UTA 核算方式具有叠加的功能，也就是说，如果这周你的工作业绩不好，也不要灰心，如果后面的工作业绩好的话，整体数据就会发生改变。同理，那些 UTA 数值比较好的员工也不要得意忘形，因为后边的数据不好，依然会直接影响到 UTA 的数值。

3. 根据发展战略选择计算公式

一般而言，有些企业进行 UTA 核算的时候，如果企业处于快速发展阶段，企业战略非常重视赚钱速度的提升，企业就可以直接计算单位时间内的有效产出，忽略掉为了赚钱而产生的运营费用。当然，大多数企业进行 UTA 核算时，需要按照单位时间内的纯利润进行计算，只不过，可以对有效产出 T 和运营费用 OE 之间的比例关系进行适当的调整。企业可以通过这样的调整来实现宏观调控作用。我们知道，不论是计算有效产出 T 还是纯利润 NP，都需要核算出它们的成本 VC。一线生产员工的成本主要包括设备的折旧、辅助工具的消耗，还有就是员工的工资等。一般情况下，我们会对类似岗位的员工的成本进行计算，最终找出一个合理成本系数，也就是计算这个人的工作总成本与他的基本工资的比值，计算公式是：总成本 VC/基本工资。

单位时间内有效产出 UTA 的计算公式为：T/时间 t，单位时间内纯利润 UTA 的计算公式为：（T-OE）/时间 t。为了核算起来方便和一目了然，我将核实过程设计成了两个标准表格，如表 2-3、表 2-4 所示。

表 2-3　　　　　　　　　　　　　　　　　　　单位时间内有效产出 UTA 核算表

（姓名）XXXX 年 XX 月 XX 日 XXX 岗位 UTA 核算表			
时间（单位）		有效产出 T	UTA 值
序号	项目内容	价格	数量
1			
2			
3			
4			
5			
6			
7			
8			
9			
10			
UTA 小组	填表人		审核人

表 2-4　　　　　　　　　　　　　　　　　　单位时间内纯利润 UTA 核算表

（姓名）XXXX 年 XX 月 XX 日 XXX 岗位 UTA 核算表			
时间（单位）	特殊增加 OE	UTA 值	
有效产出 T	运营费用 OE		
序号	项目内容	价格	数量
1			
2			
3			
4			
5			
6			
7			
8			
9			
10			
UTA 小组	填表人	审核人	

表 2-3、表 2-4 可以通过简单的 Excel 函数设计实现自动运算的效果，填写表的时候只需要对时间、数量进行修改，其他数据电脑可以自动计算出来。表 2-4 中的"特殊增加 OE"是指因工作中的失误造成的损失，这部分

损失按照企业的承担比例核算成运营费用。

关于表2-3、表2-4的使用方法，下面，我们以案例的形式进行详细讲解。

案例分享17：就这么简单

本案例还是以案例15中的电视台进行继续讲解，这样更有利于大家的学习。表2-5是该电视台技术播出部演播室技术的UTA基准数据，他们对每一个员工的UTA核算就是根据这个基准完成的。因为这家电视台是省级电视台，它更需要进行市场商业化发展，根据他们的年度业绩考核指标，这家电视台更希望将重点偏向于运营费用，当然，他们也希望提升自己的赚钱能力，只不过略有偏移而已。

表2-5　　　　　　　　　　　某电视台技术播出部演播室技术的UTA基准数据

职责	工作结果	类型	价格评估
机房设备管理	1. 根据《机房管理制度》，负责完成频道演播室机房设备的登记管理，确保登记及时、准确。	运营费用	未登记一次100元，如出现事故的损失价格。
	2. 根据《技术设备使用制度》，负责核查频道每位员工在演播室机房的使用权限状态，确保每位员工均按照正常权限使用设备，无差错。	运营费用	未登记一次100元，如出现事故的损失价格。
技术支持	1. 负责完成指导频道人员使用演播室机房技术设备的问题解决，确保问题解决得及时、准确。	销售服务	一人次技术解决150元。
	2. 负责完成频道新进人员演播室机房技术设备使用的培训和技术培训，确保培训合格率100%。	销售服务	一次培训1000元。
设备维修	1. 负责演播室视音频技术设备的维修工作，确保维修工作及时完成。	销售服务	单次维修400元。
	2. 负责虚拟演播室系统设备的维修工作，确保维修工作及时完成。	销售服务	单次维修400元。
	3. 负责演播室播出服务器的维修工作，确保维修工作及时完成。	销售服务	单次维修400元。
	4. 负责将频道无法独立完成维修的设备送维修站维修，确保维修工作及时完成。	销售服务	单次维修100元。

续表 2-5

职责	工作结果	类型	价格评估
设备维护	1. 根据《设备维护计划》，负责完成演播室视音频技术设备的维护工作，确保及时完成率100%。	运营费用	出现一次故障150元。
	2. 根据《设备维护计划》，负责完成演播室摄像机系统的维护工作，确保及时完成率100%。	运营费用	出现一次故障150元。
	3. 根据《设备维护计划》，负责完成虚拟演播室系统设备的维护工作，确保及时完成率100%。	运营费用	出现一次故障150元。
	4. 根据《设备维护计划》，负责完成演播室播出服务器的维护工作，确保及时完成率100%。	运营费用	出现一次故障150元。
	5. 根据《机房布线标准规范》，负责完成演播室的线缆管理，确保播出机房所有线缆安全、有序、无失误。	运营费用	发现问题一次200元，如事故造成的损失。
设备维护	6. 根据《机房消防管理制度》，负责完成演播室消防设施的管理工作，确保频道播出机房的消防符合要求，无失误。	运营费用	发现问题一次1000元，如事故造成的损失。
	7. 根据《机房卫生管理规范》，负责完成演播室的卫生管理工作，确保播出机房卫生条件符合要求，无卫生问题。	运营费用	卫生不合格一次300元。
委派工作	1. 负责完成频道大型活动和外场录制的技术支持工作，确保频道大型活动和外场录制无失误。	销售服务	单次2500元。
	2. 负责完成部门主任及上级领导临时指派的工作任务，确保及时准确率100%。		根据实际情况制定。

首先，我们根据该岗位上员工的情况设定出他的核算表格，这家电视台采用的是单位时间内纯利润的计算，所以，该岗位员工的财务表格如表2-6所示。

表2-6　　　　　　　　　　　　某电视台单位时间内纯利润的计算方式

（姓名）XXXX年XX月XX日XXX岗位UTA核算表			
时间（单位）	特殊增加OE	UTA值	
有效产出T	运营费用OE		
序号	项目内容	价格	数量
1	根据《机房管理制度》，负责完成频道演播室机房设备的登记管理工作，确保登记及时、准确。	100元	

续表2-6

\(姓名\)XXXX年XX月XX日XXX岗位UTA核算表					
时间(单位)		特殊增加OE		UTA值	
有效产出T		运营费用OE			
序号		项目内容		价格	数量
2		根据《技术设备使用制度》,负责核查频道每位员工在演播室机房的使用权限状态,确保每位员工均按照正常权限使用设备,无差错。		100元	
3		负责完成指导频道人员使用演播室机房技术设备的问题解决,确保问题解决得及时、准确。		150元	
4		负责完成频道新进人员演播室机房技术设备使用的培训和技术培训,确保培训合格率100%。		1000元	
5		负责演播室视音频技术设备维修工作,确保维修工作及时完成。		400元	
6		负责虚拟演播室系统设备的维修工作,确保维修工作及时完成。		400元	
7		负责演播室播出服务器的维修工作,确保维修工作及时完成。		400元	
8		负责将频道无法独立完成维修的设备送维修站维修,确保维修工作及时完成。		100元	
9		根据《设备维护计划》,负责完成演播室视音频技术设备的维护工作,确保及时完成率100%。		150元	
10		根据《设备维护计划》,负责完成演播室摄像机系统的维护工作,确保及时完成率100%。		150元	
11		根据《设备维护计划》,负责完成虚拟演播室系统设备的维护工作,确保及时完成率100%。		150元	
12		根据《设备维护计划》,负责完成演播室播出服务器的维护工作,确保及时完成率100%。		150元	
13		根据《机房布线标准规范》,负责完成演播室的线缆管理工作,确保播出机房所有线缆安全、有序,无失误。		200元	
14		根据《机房消防管理制度》,负责完成演播室的消防设施管理工作,确保频道播出机房的消防符合要求,无失误。		1000元	

续表 2-6

(姓名) XXXX 年 XX 月 XX 日 XXX 岗位 UTA 核算表				
时间(单位)		特殊增加 OE		UTA 值
有效产出 T		运营费用 OE		
序号	项目内容		价格	数量
15	根据《机房卫生管理规范》，负责完成演播室的卫生管理工作，确保播出机房的卫生条件符合要求，无卫生问题。		300 元	
16	负责完成频道大型活动和外场录制的技术支持工作，确保频道大型活动和外场录制无失误。		2500 元	
17	负责完成部门主任及上级领导临时指派的工作任务，确保及时准确率 100%。			
UTA 小组		填表人		审核人

该岗位一共有 3 名员工，分别是：张三、李四、王五，他们的基本工资分别为：4500 元、3500 元、3000 元，他们的成本系数为 30%。我们可以计算出张三的经营成本为：4500×(1+30%)=5850 元；李四的经营成本为：3500×(1+30%)=4550 元；王五的经营成本为：3000×(1+30%)=3900 元。电视台对他们是以天为单位进行核算的，表 2-7、表 2-8、表 2-9 是他们第三十六天的 UTA 核算表。

表 2-7 张三演播室技术岗位 UTA 核算表

张三 2014 年 2 月 14 日演播室技术岗位 UTA 核算表				
时间(单位)	36 天	特殊增加 OE	3000 元	UTA 值
有效产出 T	4100 元	运营费用 OE	5100 元	-27.78
序号	项目内容		价格	数量
1	根据《机房管理制度》，负责完成频道演播室机房设备的登记管理，确保登记及时、准确。		100 元	11 次
2	根据《技术设备使用制度》，负责核查频道每位员工在演播室机房的使用权限状态，确保每位员工均按照正常权限使用设备，无差错。		100 元	5 次

续表 2-7

张三　2014年2月14日演播室技术岗位UTA核算表				
时间(单位)	36天	特殊增加OE	3000元	UTA值
有效产出T	4100元	运营费用OE	5100元	-27.78
序号	项目内容		价格	数量
3	负责完成指导频道人员使用演播室机房技术设备的问题解决，确保问题解决得及时、准确。		150元	290次
4	负责完成频道新进人员演播室机房技术设备使用的培训和技术培训，确保培训合格率100%。		1000元	36次
5	负责演播室视音频技术设备的维修工作，确保维修工作及时完成。		400元	75次
6	负责虚拟演播室系统设备的维修工作，确保维修工作及时完成。		400元	62次
7	负责演播室播出服务器的维修工作，确保维修工作及时完成。		400元	71次
8	负责将频道无法独立完成维修的设备送维修站维修，确保维修及时完成率100%。		100元	45次
9	根据《设备维护计划》，负责完成演播室视音频技术设备的维护工作，确保及时完成率100%。		150元	0次
10	根据《设备维护计划》，负责完成演播室摄像机系统的维护工作，确保及时完成率100%。		150元	0次
11	根据《设备维护计划》，负责完成虚拟演播室系统设备的维护工作，确保及时完成率100%。		150元	0次
12	根据《设备维护计划》，负责完成演播室播出服务器的维护工作，确保及时完成率100%。		150元	0次
13	根据《机房布线标准规范》，负责完成演播室的线缆管理工作，确保播出机房所有线缆安全、有序、无失误。		200元	1次
14	根据《机房消防管理制度》，负责完成演播室的消防设施管理工作，确保频道播出机房的消防符合要求，无失误。		1000元	0次
15	根据《机房卫生管理规范》，负责完成演播室的卫生管理工作，确保播出机房卫生条件符合要求，无卫生问题。		300元	1次
16	负责完成频道大型活动和外场录制的技术支持工作，确保频道大型活动和外场录制无失误。		2500元	19次
17	负责完成部门主任及上级领导临时指派的工作任务，确保及时准确率100%。			

第二章 UTA单元有效产出经营管理模式

续表2-7

张三 2014年2月14日演播室技术岗位UTA核算表					
时间(单位)	36天	特殊增加OE	3000元	UTA值	-27.78
有效产出T	4100元	运营费用OE	5100元	^	^
序号	项目内容			价格	数量
UTA小组	7组	填表人	张三	审核人	赵六

表2-8　　　　　　　　　　　　　　　　　　　李四演播室技术岗位UTA核算表

李四 2014年2月14日演播室技术岗位UTA核算表					
时间(单位)	36天	特殊增加OE	0元	UTA值	-141.67
有效产出T	-800元	运营费用OE	4300元	^	^
序号	项目内容			价格	数量
1	根据《机房管理制度》，负责完成频道演播室机房设备的登记管理，确保登记及时、准确。			100元	19次
2	根据《技术设备使用制度》，负责核查频道每位员工在演播室机房的使用权限状态，确保每位员工均按照正常权限使用设备，无差错。			100元	7次
3	负责完成指导频道人员使用演播室机房技术设备的问题解决，确保问题解决得及时、准确。			150元	210次
4	负责完成频道新进人员演播室机房技术设备使用的培训和技术培训，确保培训合格率100%。			1000元	26次
5	负责演播室视音频技术设备的维修工作，确保维修工作及时完成。			400元	65次
6	负责虚拟演播室系统设备的维修工作，确保维修工作及时完成。			400元	52次
7	负责演播室播出服务器的维修工作，确保维修工作及时完成。			400元	63次
8	负责将频道无法独立完成维修的设备送维修站维修，确保维修及时完成率100%。			100元	35次
9	根据《设备维护计划》，负责完成演播室视音频技术设备的维护工作，确保及时完成率100%。			150元	0次
10	根据《设备维护计划》，负责完成演播室摄像机系统的维护工作，确保及时完成率100%。			150元	0次

续表 2-8

李四　2014 年 2 月 14 日演播室技术岗位 UTA 核算表				
时间（单位）	36 天	特殊增加 OE	0 元	UTA 值 −141.67
有效产出 T	−800 元	运营费用 OE	4300 元	
序号	项目内容		价格	数量
11	根据《设备维护计划》，负责完成虚拟演播室系统设备的维护工作，确保及时完成率 100%。		150 元	0 次
12	根据《设备维护计划》，负责完成演播室播出服务器的维护工作，确保及时完成率 100%。		150 元	0 次
13	根据《机房布线标准规范》，负责完成演播室的线缆管理工作，确保播出机房所有线缆安全、有序，无失误。		200 元	2 次
14	根据《机房消防管理制度》，负责完成演播室的消防设施管理工作，确保频道播出机房的消防符合要求，无失误。		1000 元	1 次
15	根据《机房卫生管理规范》，负责完成演播室的卫生管理，确保播出机房的卫生条件符合要求，无卫生问题。		300 元	1 次
16	负责完成频道大型活动和外场录制的技术支持工作，确保频道大型活动和外场录制无失误。		2500 元	12 次
17	负责完成部门主任及上级领导临时指派的工作任务，确保及时准确率 100%。			
UTA 小组	3 组	填表人	李四	审核人　赵六

表 2-9　王五演播室技术岗位 UTA 核算表

王五　2014 年 2 月 14 日演播室技术岗位 UTA 核算表				
时间（单位）	36 天	特殊增加 OE	0 元	UTA 值 −280.56
有效产出 T	−5000 元	运营费用 OE	5100 元	
序号	项目内容		价格	数量
1	根据《机房管理制度》，负责完成频道演播室机房设备的登记管理，确保登记及时、准确。		100 元	19 次
2	根据《技术设备使用制度》，负责核查频道每位员工在演播室机房的使用权限状态，确保每位员工均按照正常权限使用设备，无差错。		100 元	7 次

第二章　UTA 单元有效产出经营管理模式

续表 2-9

王五　2014年2月14日演播室技术岗位 UTA 核算表					
时间(单位)	36 天	特殊增加 OE	0 元	UTA值	-280.56
有效产出 T	-5000 元	运营费用 OE	5100 元		
序号	项目内容			价格	数量
3	负责完成指导频道人员使用演播室机房技术设备的问题解决，确保问题解决得及时、准确。				150 元	170 次
4	负责完成频道新进人员演播室机房技术设备使用的培训和技术培训，确保培训合格率100%。				1000 元	25 次
5	负责演播室视音频技术设备的维修工作，确保维修工作及时完成。				400 元	45 次
6	负责虚拟演播室系统设备的维修工作，确保维修工作及时完成。				400 元	53 次
7	负责演播室播出服务器的维修工作，确保维修工作及时完成。				400 元	43 次
8	负责将频道无法独立完成维修的设备送维修站维修，确保维修工作及时完成。				100 元	35 次
9	根据《设备维护计划》，负责完成演播室视音频技术设备的维护工作，确保及时完成率100%。				150 元	0 次
10	根据《设备维护计划》，负责完成演播室摄像机系统的维护工作，确保及时完成率100%。				150 元	0 次
11	根据《设备维护计划》，负责完成虚拟演播室系统设备的维护工作，确保及时完成率100%。				150 元	0 次
12	根据《设备维护计划》，负责完成演播室播出服务器的维护工作，确保及时完成率100%。				150 元	0 次
13	根据《机房布线标准规范》，负责完成演播室的线缆管理工作，确保播出机房所有线缆安全、有序，无失误。				200 元	1 次
14	根据《机房消防管理制度》，负责完成演播室的消防设施管理工作，确保频道播出机房的消防符合要求，无失误。				1000 元	2 次
15	根据《机房卫生管理规范》，负责完成演播室的卫生管理工作，确保播出机房卫生条件符合要求，无卫生问题。				300 元	1 次
16	负责完成频道大型活动和外场录制的技术支持工作，确保频道大型活动和外场录制无失误。				2500 元	10 次

续表 2-9

王五　2014 年 2 月 14 日演播室技术岗位 UTA 核算表					
时间（单位）	36 天	特殊增加 OE	0 元	UTA 值	-280.56
有效产出 T	-5000 元	运营费用 OE	5100 元		
序号	项目内容			价格	数量
17	负责完成部门主任及上级领导临时指派的工作任务，确保及时准确率 100%。				
UTA 小组	3 组	填表人	李四	审核人	赵六

我们从上述表格中可以发现，填表人可以是被核算者自己，这样考核效果反而会更好一些，审核人最好由最清楚他们工作的人来担任。具体的操作过程非常严谨，很难通过一个案例能够详细讲解清楚，这里只对重点内容进行讲解。

从表 2-7、表 2-8、表 2-9 中，我们发现这个部门的 3 个人被分到了两个 UTA 小组里。那么，UTA 小组的总成绩就是他们的平均值，企业可以定期评选出优秀的小组来进行嘉奖。

（二）UTA 的操作流程

1. 以系统的形式存在，生命力最强

UTA 主要承担持续改善的工作，也就是说，它不直接参与企业的绩效考核系统。我们知道，任何管理方法在企业中的应用形式，要不就是放在企业已有的某个管理系统中，要不就独立形成一个系统，以管理方法的形式单独的存在是没有任何意义的。先不说它是否能够被运用起来，能否长期存在都是问题。在 UTA 运行的三种方式中，其操作的困难就在于运行系统的建立。

有些企业强制要求员工分成一些小组，然后，每年进行一次评选，并对优秀的小组给以物质奖励，这样做，这些小组的运行效率也不一定会提高很多，因为各小组的持续改善项目工作主要是靠团队负责人的个人领导能力来实现的，队员的整体能动性根本没有被调动起来。如果企业在运用 UTA 经营管理模式时依然采用这样的方式，效果也不会好多少。那么，该怎么做呢？首先，我们要将 UTA 团队的团队负责人作为一个组织者和荣誉的代表者来定位；然后，每个人的头上都有指标，那就是他们的 UTA 核算结果，如果那个人的 UTA 核算结果达到企业的晋级标准，就让这个人也成为一个团队的团队负责人。

2. UTA 经营管理模式必须完备的五个规则

UTA 考核数据还有一大优点。我在前文为大家讲解了某电视台对 3 个员工的 UTA 核算结果，通过核算结果就可以让员工感受到他们给企业带来的价值。如果他们的 UTA 值是负数，说明他们不但没有帮助企业赚钱，反而拖累了企业，他们现在的工资是那些赚到钱的员工分给他们的，这样的数据更能激励员工。UTA 运行需要完成以下五件事：

① 制定出 UTA 核算实时公布平台。

② 制定出 UTA 晋升机制。

③ 制定出 UTA 奖励机制。

④ 制定出每月或者每周一次的 UTA 质询会流程。

⑤ 制定出 UTA 企业资源支持和重大改善审核流程。

（三）公平的平台

1. UTA 扁平化的组织架构

企业在进行 UTA 经营管理模式运行的时候，需要在企业的组织架构上进行设计。例如，企业需要设定一个 UTA 办公室，办公室不需要太多的人，只需要两到三个人即可，一两个专员加上一个 UTA 总监就可以了。这个 UTA 总监可以由企业的总经理或者副总经理来担任，只负责 UTA 经营模式的组织架构和运行制度的制定和维护。除了最高领导 UTA 总监外，接下来就是各 UTA 小组的组长，这就是 UTA 的整个组织架构了。

2. 没有绝对的公平，但有绝对的平等

通过我们在前文讲述的 UTA 的核算方法，可以发现在 UTA 的整个核算过程中，对所有人都是一视同仁的。实际上，企业中的个别岗位本身就具有优越性，有些岗位的 UTA 核算值可能就比较高一些。企业不必太在意这一点。我们知道，岗位本身的价值就有很大的差别，否则，为什么不同岗位的员工基本工资就不一样呢？

UTA 不仅可以实现整体的对比效果，又具有时间叠加功能，它可以实现现在这个时间点和过去的时间段的对比。所以，企业可以对那些具有优越性的岗位的 UTA 给以更高的期望。你的岗位工资比别人高，那么，企业对你的期望也应该高一些啊。这个岗位的晋升机制可以适当提升一些。当然，这种现象在企业中并不多见，一般情况下，大家都是一样的。

3. 数据的阶段性清除，不翻旧账

我们知道，UTA 除了有数据叠加功能，还能产生让员工奋起直追的效果。同时，它还给员工更多的机会。也就是说，如果曾经你某个月的业绩很好，即使后面的业绩有所下滑，但整体数据仍然受到那个好的数据的影响。有的人某个月的业绩不好，但后来的业绩提升了，虽然数据通过叠加有所改变，但之前那个月的不良效果一直在影响着这个员工。针对这两种情况，企业可以每三个月后对最先的一个月的数据进行清零，如图 2-2 所示。

2014年1月的UTA数据	2014年2月的UTA数据
2014年3月的UTA数据	2014年3月1日

数据清零

图 2-2　每月 UAT 数据的清零

第四节 绩效考核方式的 UTA 应用

绩效考核管理一般情况下主要存在于企业的人力资源管理系统中，我们知道，人力资源咨询项目中最后的部分就会涉及到晋升机制、工资体系设计、绩效考核方案等，这些都应该属于企业的绩效考核管理内容。现在绩效考核管理中应用最多的是 KPI 关键绩效考核指标、BSC 平衡计分卡、360 度评估等方法，这些方法都各有优劣，而我们这里要为大家介绍的方法是 UTA 方法。企业主要是将 UTA 核算应用到已有的绩效考核系统中，成为一种绩效考核方案和员工晋升的考评依据。

由于绩效考核工作出发点的不同，会产生不同的考核方法。例如，我们以员工的工作结果为考核对象，就产生了 KPI 考核方法。还有，我们将企业的经营战略分解成各项指标，然后，分配到每个员工的头上，实现了人人头上有指标，这就产生了 BSC 平衡计分卡。我们将一个企业的每个岗位都理解为互相服务的个体，这个时候，每个人的工作内容就可以让他的上级、下级、同事来进行评估，这就产生了 360 度评估。这些方法都是间接地对员工的工作结果进行考核，但考核结果不够直观，员工更多的体会是我的绩效工资增加和减少了多少，而不能体会到自己的工作给企业带来的收益和损失。而且，他工作的好不好，到底是哪里有很大的贡献或哪里出现了问题，他自己也可能不太清楚，因为很多考核指标都是模糊的。但 UTA 的一大优势就是可以通过利润和亏损直观地对每一项工作进行描述。

一、第一步：进行 UTA 单价设计

（一）前期的资料准备

我们在对企业的每个岗位职责进行设计的时候，要清楚地描述出该岗位的每一项工作内容，尤其要注意对结果的描述。很多人说有些工作是没有结果的，这种说法是错误的，因为很多工作都可以通过专业的方法设定出合理

的考核结果。

（二）工作划分和定价

完善员工的岗位职责标准说明书后，我们对说明书中的工作内容进行划分，看哪些属于工作结果输出（销售价格 S），哪些属于运营费用 OE。然后，我们对销售类的工作内容进行定价。如果该项工作完成了，也就代表着该员工的客户认可了他的工作结果，这个时候，这名员工就赚到了该销售价格。对于营销费用 OE，如果该员工造成了某些工作漏洞，或者造成了损失，就代表该员工给企业造成了运营费用的增加。还有一个现象，就是有些企业要求员工定期进行某项工作的检查，如果该员工没有进行该项检查，也没有造成损失，但一旦被发现，也等于运营费用的增加。首先，对于该项工作，企业是付出成本去完成的，但员工没有去做，给企业增加了运营费用。这时，企业就要对相关人员进行扣除运营费用的惩罚。关于这一部分，我们在后文将以案例的形式进行详细讲解。在 UTA 管理体系中，每个员工就是一个独立的经营单位，如果他的表现不好，客户是可以通过罚款或者减少订单的方法来对其进行惩罚的，所以，扣除运营费用的做法是没有任何疑问的。

（三）单价评估方法

总体来讲，对员工进行单价设定是比较简单的，首先，我们会根据员工的成本来对其进行总价评估。在对员工进行销售价格 S 和运营费用 OE 评估的时候，我们先要对该员工进行工作成本 VC 的评估。然后，我们通过该岗位的 VC 来对他的每一项工作的 S 和 OE 进行评估。切记：在评估的时候不针对任何人，我们只针对该岗位。

一般工作成本包括员工的基本工资、所操作设备的折旧、办公费用等。将这些数据加起来就是这个员工的成本 VC。知道了岗位的成本 VC，接下来，我们根据企业的利润率和战略目标设定出一个系数。然后，用成本 VC 乘以这个系数，即可计算出该岗位的销售价格总数值。

员工的 OE 不需要设定总数值，企业可以根据发展的需要和对每一项有可能造成运营费用的重视程度，还有最近发生最多的异常问题的遏制需要来进行设定。

在前文我已经说过，企业甚至可以不设定 OE，直接考核员工的有效产出 T 即可。因为运营费用本身是一种负面考核，如果企业过多地重视对运营费用的考核，就会给员工增加很多工作压力，使得员工畏首畏尾，员工可能就会产生多一事不如少一事的想法和做法。

二、第二步：绩效考核方式 UTA 的操作流程

使用 UTA 绩效考核方式，其他绩效考核方式就必须取消。这是因为，如果用两种考核方式，你不知道该以哪一个为考核标准。考核流程采用逐级考核的方式，也就是说，每一个岗位只能有一个直属领导，由直属领导来进行数据审核，填写表格主要由自己和提供数据的同事来完成。这个可以通过邮件发给当事人和直接领导进行结果认证，作为后期填表和审核的依据。最终数据由人力资源部来进行整理，然后，根据本数据结果计算出绩效考核工资。

因为企业都有完整的绩效考核操作流程，只需要将过去的考核方法改成 UTA 即可，其他基本都不变，还是按照原有的流程进行即可。如果有些企业还没有完善绩效考核流程，只是对一线员工实现了计件考核的方式，而管理人员和办公人员都没有进行绩效考核的话，建议企业先完成人力资源的项目完善工作，人力资源系统项目实施的时候再导入 UTA，这样的效果是最好的。

三、第三步：UTA 在员工晋升方面的参考

UTA 也可以作为员工晋升的一个参考依据，但效果肯定不能和 UTA 的第一种使用方法相比。UTA 可以使工作结果更直观，不仅可以提高员工的积极性，其数据本身具有无法取代的参考价值。在 UTA 的第一种使用方法中，对于 UTA 表现好的人员可以直接提升为新的 UTA 团队领袖，这种提升不需要任何额外指标，因为数据就在那里。

作为绩效考核方式的 UTA 只能实现数据上的直接证明，但个人是否一定能够成为部门负责人就很难说了，有些人工作能力很强，但不适合管理团队，他们不擅于处理人际关系，最重要的是企业没有那么多的领导岗位。不

像第一种方法，企业可以采用细胞分裂的方法，不断地产生 UTA 领导岗位。UTA 作为绩效考核方式时，企业每一个部门只有一个负责人，但该方式易于管理，因为它只是绩效考核方法的更换而已，相比第一种就简单了很多。

"阿米巴"经营管理模式就属于第一种方式，不过企业要量力而行。如果企业的管理基础薄弱，可以先按照该方法进行绩效考核，等到了整体管理水平提高到一定程度后，就可以导入第一种 UTA 的运行方式。因为有了 UTA 核算基础，这样的转变风险将被压缩到最小。

第五节　战略部门考核方式的 UTA 经营管理模式

一、战略部门考核方式 UTA 的基础知识

（一）与其他 UTA 经营管理模式的区别

战略部门考核方式下的 UTA 经营管理模式，不改变企业原有的绩效考核系统，只是在原有的绩效考核系统的基础上进行部门考核。这种经营模式下就需要单独地建立一套以部门为考核单元的绩效考核系统。

（二）UTA 的计算方法

企业的每个部门都可以按照有效产出的计算公式来计算出该部门的有效产出 T、运营费用 OE、库存 I、净利润 NP、投资回报 ROI、生产力 P、投资效率 EOI。通过这些数据来展示各部门的经营情况，选择出比较弱的项，并根据企业目标进行正确决策。

（三）该方式的优缺点

战略部门考核方式下的 UTA 经营管理模式更注重的是战略管理的分配。它最突出的地方在于对战略目标的分解，对各部门的战略目标实施进行考核；却缺少对员工的激励作用。

二、实际操作流程介绍

案例分享 18：企业各部门如何运用有效产出会计进行财务管理

某生产制造企业的组织架构如图 2-3 所示。

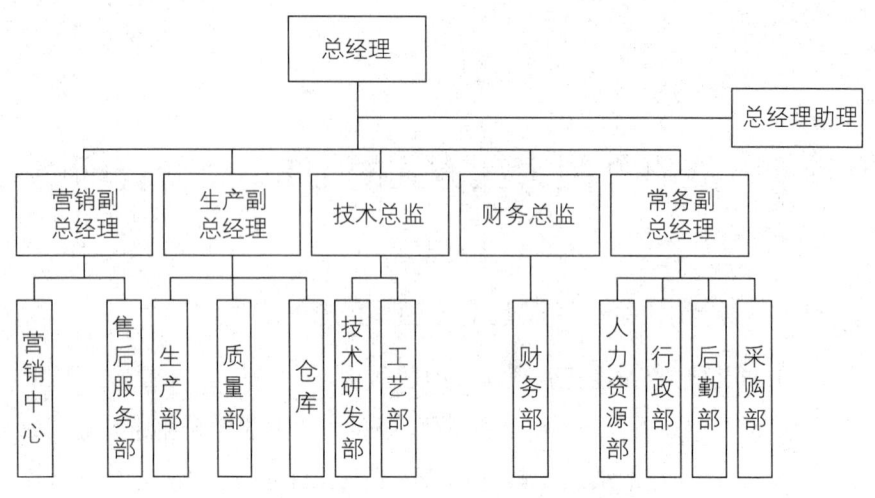

图 2-3　某生产制造企业的组织架构

该企业各部门在日常的运营管理过程中，按照表 2-10 进行规定时间的核算，可以是一周，也可以是半个月或者一个月。在这里，我建议核算时间越短越好。建议以周为时间单位进行核算和质询汇报，发现问题及时更改，即使我们不能够保证做出的每个决定都是正确的，但我们可以保证我们发现问题后的改正速度是最快和有效的。以该企业的各个部门为核算单位进行核算，对于那些突发性项目投资或者管理需要增加的 TOC 有效产出可另外进行计算，并以专项会议的方式进行讨论决策。

表 2-10　　　　　　　　　　　　　　　　战略部门考核方式 UTA 的核算

＿＿＿＿＿部有效产出会计核算表						
文件编号：＿＿＿＿＿＿				日期：＿＿＿＿＿＿		
销售额		原材料成本		有效产出 T		
库存 I			运营费用 OE			
序号	项目	费用	序号	项目	费用	
1			1			
2			2			
3			3			
4			4			
5			5			

续表 2-10

<table>
<tr><td colspan="5" align="center">_____部有效产出会计核算表</td></tr>
<tr><td colspan="2">文件编号：_____</td><td colspan="3">日期：_____</td></tr>
<tr><td>销售额</td><td></td><td>原材料成本</td><td colspan="2">有效产出 T</td></tr>
<tr><td colspan="2" align="center">库存 I</td><td colspan="3" align="center">运营费用 OE</td></tr>
<tr><td>序号</td><td>项目</td><td>费用</td><td>序号</td><td>项目</td><td>费用</td></tr>
<tr><td>6</td><td></td><td></td><td>6</td><td></td><td></td></tr>
<tr><td>7</td><td></td><td></td><td>7</td><td></td><td></td></tr>
<tr><td>8</td><td></td><td></td><td>8</td><td></td><td></td></tr>
<tr><td>9</td><td></td><td></td><td>9</td><td></td><td></td></tr>
<tr><td colspan="3">库存 I 合计：</td><td colspan="3">运营费用 OE 合计：</td></tr>
<tr><td colspan="2">项目</td><td>公式</td><td>计划</td><td>结果</td><td>评价</td></tr>
<tr><td colspan="2">净利润 NP：</td><td>NP=T−OE</td><td></td><td></td><td></td></tr>
<tr><td colspan="2">生产力 P：</td><td>P=T/OE</td><td></td><td></td><td></td></tr>
<tr><td colspan="2">投资回报 ROI：</td><td>ROI=(T−OE)/I</td><td></td><td></td><td></td></tr>
<tr><td colspan="2">投资效率 EOI：</td><td>EOI=T/I</td><td></td><td></td><td></td></tr>
<tr><td colspan="6">备注：</td></tr>
</table>

（一）战略部门考核方式 UTA 数据的计算程序

首先，对各部门的资金费用按照 TOC 有效产出会计 TA 中的有效产出 T、运营费用 OE、库存 I 进行分类统计。分类中最难确定的也是让很多企业最纠结的问题就是有效产出 T。计算出一个企业某个时间段内的有效产出是很容易的，有效产出 T= 销售 S− 原材料成本 VC。然后，企业根据《人力资源管理手册》中的部门职能说明书进行价值分析，确定出各个部门在有效产出中所占的比例（企业可以自行讨论决定，也可以寻找第三方专业咨询机构来完成）。

（二）战略部门考核方式 UTA 的定价比例的制定

对于企业内部的有效产出计算，我们一般都建议先按照贡献比例的方式进行，等大家完全适应这套管理会计的方法后，我们再对企业进行单位价值制定。然后，在企业内部进行交易，产生有效产出 T。生产部门是企业价值的创造单位，所有其他部门的价值创造需要生产部门的购买，这样有利于其他部门对生产部门的配合，有利于企业实现利润的最大化和持久化。企业的改善需循序渐进，如果企业的基础管理不是很完善，那么，建议企业先完善基础管理工作。

该企业进行部门价值分析讨论后，对各部门占有效产出 T 的比例分配如表 2-11 所示。

表 2-11　　　　　　　　　　某企业各部门对有效产出 T 的分配比例

序号	部门	有效产出 T 所占比例	备注
1	营销中心	15.0%	
2	售后服务部	2.0%	
3	生产部	40.0%	
4	质量部	5.0%	
5	仓库	1.0%	
6	技术研发部	10.0%	
7	工艺部	6.0%	
8	财务部	4.0%	
9	人力资源部	4.0%	
10	行政部	6.0%	
11	后期部	3.0%	
12	采购部	4.0%	

在实际操作中，值得一提的是对有效产出 T 的比例的制定不是一成不变的，要根据企业的经营战略进行调整。如果企业的经营战略由过去的生产规模化向技术研发服务等方面转变的话，我们就需要将生产部的有效产出比例调低，而提升技术研发部门和营销部门、售后服务部门的有效产出比例。在调整比例的同时，也要对各项考核指标的计划目标值进行调整。也就是说，

当你对整个企业的有效产出的贡献度提升了，那么，你对整个有效产出提升所承担的责任也就加重了。承担的有效产出比例越大，考核要求越高。对于一个制造型企业来讲，企业价值的创造者主要还是集中在生产部门。也就是说，企业的战略如何制定，生产部门所占的有效产出比例永远是最高的。建议生产部门的总有效产出比例要占到30%到60%。一般企业中除了生产部门所占的比例最大以外，剩下的就是营销部门、技术研发部门、采购部门占的比例大些。除生产部门以外，其他所有部门均可以进行相关考核指标的对比。由于生产部门的投资大于其他部门，所以，生产部门的各项指标就比较低一些。

对已出成品库的产品，就定义为销售出去，在规定时间内的出货总量即为销售量，然后乘以销售价格，就得出规定时间内的销售额。例如，该企业从2013年5月1日到2013年6月1日共出货500000件，销售额为16000000元，原材料成本为6000000元。

（三）战略部门考核方式UTA针对企业仓库的核算方法

在企业中存在着各种各样的库存管理，传统的管理思路是将仓库管理归到生产部门，然后，由财务部门进行数据统计管理。这样的管理方法似乎有些落伍了。为了实现对仓库真正意义上的管理，我们需要对其先进行去组织化，然后，进行有效产出会计管理。仓库中有有效产出、有库存、有运营费用。首先，我们先对其进行价值分类；然后，再进行管理。

按照传统管理方法，成品库的管理一般都由生产部门和财务部门共同进行的。营销部门是直接面对客户的部门，是最了解客户需求情况的部门，生产部门的生产计划和仓库的成品库存量的管理数据往往都来源于营销部门。仓库可以由生产部门进行管理，但仓库的成本核算应归结到营销部门。生产计划的制定数据来源于营销部门，成品库存量的多少也是由营销部门来决定的。营销部门给出各个时间段的标准需求，而生产部门负责有计划地完成生产。生产部门这个时候就成为一个执行者，执行不力，生产管理部门负责。比如，在生产的过程中，没能按计划准时交货，生产出大量的报废品，这个时候，就是由生产部门来负责了。生产部门按照营销部门的要求生产，出现问题则由营销部门负责。

原材料库的管理还是由生产部门来承担，但原材料库的成本核算归到采购部门。

（四）战略部门考核方式 UTA 的核算基础条件

企业按照上述方法进行成本核算，前提条件就是企业的整个运营管理环节都实现了标准化、流程化、专业化，在这样的基础上有效产出会计核算工作才能进行。当有效产出会计成为整个管理系统中的一个支系统，管理人员在运营管理的过程中的工作效率才会得到提升。

（五）部门 UTA 战略考核的优势

通过了解战略部门考核方式的 UTA 经营管理模式，我们会发现：每个部门成为了一个独立的核算单位，他们自主经营——如何能够赚取更多的钱，如何让本部门的净利润、投资回报、生产力、投资效率得到提升，达到企业制定的现阶段目标。这样的经营方式不仅让财务管理真正地参与到日常经营中，同时，也提升了大家的主观能动性，更重要的是，由于 TOC 的 UTA 始终围绕着 TOC 的四观，即全局观、有效产出观、逻辑观、动态调整观，这样一来，就能避免很多的负面效应。

在 UTA 经营管理模式下，如何让每个部门主动地去关注企业整体的有效产出，如何让大家共同关注企业的投资状况和成本的消耗呢？过去，我们对库存和销售情况是站在整个企业的角度上进行数据收集和分析，然后，通过各种会议进行讨论，形成改善方案，最后执行方案。这样的工作流程很难保证工作效率和工作效果。如果我们按照 UTA 的核算方法，对各个部门进行独立核算，通过独立核算提供该部门的决策依据和下一阶段工作的重心，将把被动的改善变成主动的改变。

战略部门考核方式的 UTA 经营管理模式，能让问题在发生的第一时间得到解决，让问题带来的损害减小到最少，让员工的工作更有激情和成就感，让员工的权限更大，让员工的全局意识更强，让员工能够更好地得到锻炼。哪个部门做得好，不是靠总经理来评判，而是按数据来评判，这样不仅解放了总经理，让总经理有更多的时间来进行企业文化、企业战略的把控，也给企业带来了更大的动力。主动地去做一件事情和在监督下被动地去做一件事情的结果是完全不一样的。

（六）各部门的UTA核算方法

下面，我们以某企业的实际案例来为大家阐述各部门的UTA核算方法。

1. 营销中心有效产出会计核算表（如表2-12所示）

表2-12　　　　　　　　　　　　　　　　　　营销中心有效产出会计核算表

营销中心部有效产出会计核算表					
文件编号：SDXB-YXZX-001				日期：2013/6/1	
销售额	16000000元	原材料成本	6000000元	有效产出T×15%	1500000元
库存I			运营费用OE		
序号	项目	费用	序号	项目	费用
1	高速路立体广告	900000元	1	代理商促销会	25000元
2	办公室残值	500000元	2	差旅费	15000元
3	公务车残值	200000元	3	员工工资	50000元
4	成品仓库残值	950000元	4	招待费	50000元
5	成品价值	1000000元	5	办公耗材	2000元
6	办公设备残值	50000元	6	广告分摊费	75000元
7			7	办公室折损	20000元
8			8	电话网络费	1800元
9			9	仓库折损	20000元
10			10	公务车折损维护	1000元
库存I合计		3460000元	运营费用OE合计		239800元
项目	公式		计划	结果	评价
净利润NP	NP=T-OE		100万元	1260200元	优
生产力P	P=T/OE		5	6.26	优
投资回报ROI	ROI=（T-OE）/I		40%	36%	不合格
投资效率EOI：	EOI=T/I		50%	43%	不合格

续表 2–12

<table>
<tr><td colspan="6">营销中心部有效产出会计核算表
文件编号：SDXB–YXZX–001　　　　日期：2013/6/1</td></tr>
<tr><td>销售额</td><td>16000000 元</td><td>原材料成本</td><td>6000000 元</td><td>有效产出 T×15%</td><td>1500000 元</td></tr>
<tr><td colspan="3">库存 I</td><td colspan="3">运营费用 OE</td></tr>
<tr><td>序号</td><td>项目</td><td>费用</td><td>序号</td><td>项目</td><td>费用</td></tr>
<tr><td colspan="6">备注：
1. 高速路立体广告残留价值 900000 元，于 2013 年 10 月 10 日到期，该项投资的回报较低，不建议续签合同；新的营销方案在设计讨论中。
2. 办公室残留价值 500000 元，办公室有折损，每月 20000 元。
3. 有一辆公务车，于 2010 年购买的，当时购买价格为 120000 元，残留价值为 60000 元；新购买一辆公务车，购买价格为 140000 元。
4. 下个月的目标计划：净利润为 100 万元，生产力为 5。投资回报为 40%，投资效率为 50%。
5. 由于市场需求评估出现误差，导致库存量大增，库存成本增加，下一阶段的工作将放在改善库存上。</td></tr>
<tr><td colspan="2">负责人：张三</td><td colspan="2">审核人：李四</td><td colspan="2">审批人：王五、赵六</td></tr>
</table>

第二章 UTA单元有效产出经营管理模式

2. 售后服务部有效产出会计核算表（如表2-13所示）

表2-13　　　　　　　　　　　　　　　　　售后服务部有效产出会计核算表

售后服务 部有效产出会计核算表

文件编号：SDXB-SHFW-001　　　　　　　　　　日期：2013/6/10

销售额	16000000元	原材料成本	6000000元	有效产出T×2%	200000元
库存I				运营费用OE	
序号	项目	费用	序号	项目	费用
1	办公室残值	250000元	1	办公耗材	2000元
2	办公设备残值	50000元	2	招待费	20000元
3			3	员工工资	40000元
4			4	电话网络费	1800元
5			5	办公室折损	10000元
6			6		
7			7		
8			8		
9			9		
库存I合计		300000元	运营费用OE合计		73800元
项目	公式	计划	结果	评价	
净利润NP	NP=T-OE	120000元	126200元	合格	
生产力P	P=T/OE	3	2.78	不合格	
投资回报ROI	ROI=（T-OE）/I	40%	42%	合格	
投资效率EOI	EOI=T/I	5%	67%	合格	

备注：
1. 办公室残留价值250000元，办公室有折损每月10000元。
2. 本周接到XX客户的售后服务需求，对来厂客户进行接待，客户对此比较满意，由于接待量是标准接待量的两倍，导致接待费用增加。
3. 下个月的目标计划：净利润为150000元，生产力为3，投资回报为40%，投资效率为5%。

| 负责人：张三 | 审核人：李四 | 审批人：王五、赵六 |

3. 生产部有效产出会计核算表（如表 2-14 所示）

表 2-14　　　　　　　　　　　　　　　　　　　生产部有效产出会计核算表

生产 部有效产出会计核算表

文件编号：SDXB-SCB-001				日期：2013/6/10	
销售额	16000000 元	原材料成本	6000000 元	有效产出 T×10%	1000000 元
	库存 I			运营费用 OE	
序号	项目	费用	序号	项目	费用
1	办公室残值	800000 元	1	办公耗材	2000 元
2	办公设备残值	50000 元	2	员工工资	60000 元
3	在制品仓库残值	5000000 元	3	电话网络费	8000 元
4	在制品残值	800000 元	4	办公室折损	20000 元
5			5	制品仓库折损	80000 元
6			6		
7			7		
8			8		
9			9		
库存 I 合计		2150000 元	运营费用 OE 合计		170000 元
项目	公式		计划	结果	评价
净利润 NP	NP=T-OE		800000 元	830000 元	合格
生产力 P	P=T/OE		5	5.88	合格
投资回报 ROI	ROI=（T-OE）/I		40%	39%	不合格
投资效率 EOI	EOI=T/I		50%	47%	不合格
备注： 1. 投资效率较低，表现极差，减少在制品占用的暂存空间，同时，通过生产计划和现场物流管控，减少在制品总量。 2. 下个月的目标计划：净利润为 800000 元，生产力为 5，投资回报为 40%，投资效率 50%。					
负责人：张三		审核人：李四		审批人：王五、赵六	

企业的财富是由生产部创造出来的，所以，在企业的有效产出比例的分

配中，生产部占的总比例要大于其他部门。

凡是从原材料库领出的产品，没有入到成品库的均称在制品。在制品的价值一律以原材料的价值进行核算，即使已经生产完成，但只要没有进入到成品仓库，均按原材料来计算其价值。

4. 质量部有效产出会计核算表（如表 2-15 所示）

表 2-15　　　　　　　　　　　　　　　　　　　　质量部有效产出会计核算表

<table>
<tr><td colspan="5" align="center">_质量_部有效产出会计核算表</td></tr>
<tr><td colspan="3">文件编号：SDXB-ZLB-001</td><td colspan="2">日期：2013/6/10</td></tr>
<tr><td>销售额</td><td>16000000 元</td><td>原材料成本</td><td colspan="2">6000000 元</td><td>有效产出 T×5%</td><td>500000 元</td></tr>
</table>

库存 I				运营费用 OE		
序号	项目	费用	序号	项目	费用
1	办公室残值	250000 元	1	办公耗材	2000 元
2	办公设备残值	500000 元	2	员工工资	80000 元
3	检测设备残值	900000 元	3	电话网络费	1800 元
4	检测室残值	700000 元	4	办公室折损	10000 元
5			5	检测设备折损维修	50000 元
6			6	办公设备折损	20000 元
7			7	检测室折损	35000 元
8			8		
9			9		
库存 I 合计		2350000 元	运营费用 OE 合计		198800 元
项目	公式		计划	结果	评价
净利润 NP	NP=T-OE		350000 元	301200 元	不合格
生产力 P	P=T/OE		5	2.52	极差
投资回报 ROI	ROI=（T-OE）/I		30%	13%	极差
投资效率 EOI	EOI=T/I		30%	21%	差

备注：
1. 质量检测设备中有一台 MB-135 设备，这是新的检测标准要求必须拥有的设备，购买投资 500000 元，造成投资额的增加。
2. 希望通过高效的质量检测服务，提升企业的整体有效产出，从而提升生产力指标。
3. 导入设备三级保养维护工作，减少设备的维修费用。
4. 下个月的目标计划：净利润为 350000 元，生产力为 5，投资回报为 30%，投资效率为 30%。

| 负责人：张三 | 审核人：李四 | 审批人：王五、赵六 |

5. 制造部有效产出会计核算表（如表2-16所示）

表2-16　　　　　　　　　　　　　　制造部有效产出会计核算表

<table>
<tr><td colspan="8" align="center">制造 部有效产出会计核算表</td></tr>
<tr><td colspan="4">文件编号：SDXB-ZZB-001</td><td colspan="4">日期：2013/6/10</td></tr>
<tr><td>销售额</td><td>16000000元</td><td>原材料成本</td><td>6000000元</td><td colspan="2">有效产出 T×30%</td><td colspan="2">3000000元</td></tr>
<tr><td colspan="4" align="center">库存 I</td><td colspan="4" align="center">运营费用 OE</td></tr>
<tr><td>序号</td><td>项目</td><td colspan="2">费用</td><td>序号</td><td colspan="2">项目</td><td>费用</td></tr>
<tr><td>1</td><td>厂房残值</td><td colspan="2">50000000元</td><td>1</td><td colspan="2">员工工资</td><td>300000元</td></tr>
<tr><td>2</td><td>办公室残值</td><td colspan="2">500000元</td><td>2</td><td colspan="2">厂房折损</td><td>100000元</td></tr>
<tr><td>3</td><td>机械设备残值</td><td colspan="2">25000000元</td><td>3</td><td colspan="2">办公室折损</td><td>20000元</td></tr>
<tr><td>4</td><td>刀具、冶工具库残值</td><td colspan="2">1200000元</td><td>4</td><td colspan="2">机械设备折损</td><td>100000元</td></tr>
<tr><td>5</td><td>刀具、冶工具价值</td><td colspan="2">1000000元</td><td>5</td><td colspan="2">刀具、冶工具库折损</td><td>20000元</td></tr>
<tr><td>6</td><td>办公设备残值</td><td colspan="2">0元</td><td>6</td><td colspan="2">刀具、冶工具损耗</td><td>180000元</td></tr>
<tr><td>7</td><td></td><td colspan="2"></td><td>7</td><td colspan="2">办公耗材</td><td>5000元</td></tr>
<tr><td>8</td><td></td><td colspan="2"></td><td>8</td><td colspan="2">电话网络费</td><td>5000元</td></tr>
<tr><td>9</td><td></td><td colspan="2"></td><td>9</td><td colspan="2"></td><td></td></tr>
<tr><td colspan="2">库存 I 合计</td><td colspan="2">77700000元</td><td colspan="3">运营费用 OE 合计</td><td>730000元</td></tr>
<tr><td colspan="2">项目</td><td colspan="2">公式</td><td colspan="2">计划</td><td>结果</td><td>评价</td></tr>
<tr><td colspan="2">净利润 NP</td><td colspan="2">NP=T-OE</td><td colspan="2">2300000元</td><td>2270000元</td><td>不合格</td></tr>
<tr><td colspan="2">生产力 P</td><td colspan="2">P=T/OE</td><td colspan="2">4</td><td>4.11</td><td>合格</td></tr>
<tr><td colspan="2">投资回报 ROI</td><td colspan="2">ROI=（T-OE）/I</td><td colspan="2">3%</td><td>3%</td><td>合格</td></tr>
<tr><td colspan="2">投资效率 EOI</td><td colspan="2">EOI=T/I</td><td colspan="2">4%</td><td>4%</td><td>合格</td></tr>
<tr><td colspan="8">备注：
1. 企业新建现代化的刀具、冶工具仓库，随投资增加了较多，但能够加强刀具和冶工具的维护，提升其使用寿命，同时，也减少了大量不必要的浪费。刀具、冶工具损耗由过去的每月最低250000元，减少到现在的180000元。
2. 企业购进新设备SDWQ-2011654两台，增加了对设备的投资，还需要增加3个操作工，以提升设备的生产效率。
3. 下个月的目标计划：净利润为2300000元，生产力为4，投资回报为3%，投资效率为4%。</td></tr>
<tr><td colspan="3">负责人：张三</td><td colspan="2">审核人：李四</td><td colspan="3">审批人：王五、赵六</td></tr>
</table>

6. 仓库管理部有效产出会计核算表（如表2-17所示）

企业中各仓库的成本核算归各管理部门，仓库管理人员的工资等成本归仓库管理部。凡是办公家具等办公设备、生产设备，根据企业制定的报废期限，到期后，凡是可以继续使用的办公设备、生产设备等都一律认定残值为0。

表2-17　　　　　　　　　　　　　　　　　　　仓库管理部有效产出会计核算表

仓库管理 部有效产出会计核算表					
文件编号：SDXB-CK-001					日期：2013/6/10
销售额	16000000元	原材料成本	6000000元	有效产出T×1%	100000元
库存I			运营费用OE		
序号	项目	费用	序号	项目	费用
1	办公室残值	300000元	1	员工工资	20000元
2	办公设备残值	50000元	2	电话网络费	2000元
3			3	办公耗材	5000元
4			4	办公室折损	10000元
5			5	办公设备折损	3000元
6			6		
7			7		
8			8		
9			9		
库存I合计		350000元	运营费用OE合计		40000元
项目	公式		计划	结果	评价
净利润NP	NP=T-OE		50000元	60000元	合格
生产力P	P=T/OE		3	2.5	不合格
投资回报ROI	ROI=（T-OE）/I		15%	17%	合格
投资效率EOI	EOI=T/I		30%	29%	不合格
备注： 1. 仓库管理部现有员工8人，进行两班倒的工作方式。现有两名员工提出辞职，经研究，同意其辞职。按照现在的工作内容，根据仓库管理部的工作量，不需要再招聘新人，对现有员工的工资给予提升，总工资由过去的20000元降为18000元，员工平均工资增长20%。 2. 对办公耗材加强管控，下个月的预算控制在3000元以内，电话网络费控制在1500元以内。 3. 下个月的计划目标：净利润为60000元，生产力为3，投资回报为20%，投资效率为30%。					
负责人：张三		审核人：李四		审批人：王五、赵六	

7. 技术研发部有效产出会计核算表（如表2-18所示）

表2-18　　　　　　　　　　　　　　技术研发部有效产出会计核算表

技术研发 部有效产出会计核算表			
文件编号：SDXB-JSYFB-001			日期：2013/6/10
销售额	16000000元	原材料成本　6000000元	有效产出T×8%　1000000元

库存I				运营费用OE			
序号	项目		费用	序号	项目		费用
1	办公室残值		500000元	1	员工工资		50000元
2	办公设备残值		100000元	2	办公耗材		10000元
3	技术研发设备残值		600000元	3	办公室折损		10000元
4	研发试验室残值		600000元	4	办公设备折损		40000元
5	研发物品残值		160000元	5	研发设备折损		10000元
6				6	试验室折损		30000元
7				7	研发物品折损		5000元
8				8	电话网络费		5000元
9				9			
库存I合计		1960000元		运营费用OE合计		190000元	
项目		公式		计划	结果		评价
净利润NP		NP=T-OE		600000元	610000元		合格
生产力P		P=T/OE		5	4.21		不合格
投资回报ROI		ROI=（T-OE）/I		35%	31%		不合格
投资效率EOI		EOI=T/I		45%	41%		不合格
备注： 1. 为了实现企业的发展战略要求，大力提升产品的技术创新能力和技术价值，按照发展规划，购买了一台加工仪器，技术研发成本大幅增加。 2. 由于三项研发技术同时进行，原计划是为加快研发速度，但实际结果是由于人力有限，研发速度放缓，对设备的投资加大，对研发材料的投入增加了，从下月起将对研发项目的资源进行重新分配。 3. 下个月的计划目标：净利润为800000元，生产力为5，投资回报为25%，投资效率为25%。							
负责人：张三		审核人：李四			审批人：王五、赵六		

8. 工艺部有效产出会计核算表（如表2-19所示）

表2-19　　　　　　　　　　　　　　　　　　　工艺部有效产出会计核算表

工艺部有效产出会计核算表

文件编号：SDXB-GYB-001			日期：2013/6/10	
销售额	16000000元	原材料成本	6000000元	有效产出T×5%　500000元

库存I				运营费用OE		
序号	项目	费用	序号	项目	费用
1	办公室残值	500000元	1	员工工资	30000元
2	办公设备残值	180000元	2	办公耗材	10000元
3	资料库残值	350000元	3	办公室折损	50000元
4			4	办公设备折损	8000元
5			5	资料库折损	15000元
6			6	电话网络费	2000元
7			7		
8			8		
9			9		
库存I合计		1030000元	运营费用OE合计		115000元

项目	公式	计划	结果	评价
净利润NP	NP=T−OE	350000元	385000元	合格
生产力P	P=T/OE	4	4.35	合格
投资回报ROI	ROI=（T−OE）/I	40%	37%	不合格
投资效率EOI	EOI=T/I	50%	49%	不合格

备注：
1. 企业经营18年，共产生技术资料2364万份。为了改善文件资料的档案管理和保存，特安排专职人员进行管理，并且，投资100000元从原办公室中装修出一个资料仓库。
2. 由于新资料库的管理需要，对部分资料进行修复，办公耗材费用增加较多，下个月办公耗材预算为3000元。
3. 下个月的目标计划是：净利润为400000元，生产力为4.5，投资回报为40%，投资效率为50%。

负责人：张三	审核人：李四	审批人：王五、赵六

9. 财务部有效产出会计核算表（如表2-20所示）

表2-20　　　　　　　　　　　　　　　　　　财务部有效产出会计核算表

<table>
<tr><td colspan="8" align="center">财务 部有效产出会计核算表</td></tr>
<tr><td colspan="4">文件编号：SDXB-CWB-001</td><td colspan="4">日期：2013/6/10</td></tr>
<tr><td>销售额</td><td>16000000元</td><td>原材料成本</td><td colspan="2">6000000元</td><td>有效产出T×4%</td><td colspan="2">500000元</td></tr>
<tr><td colspan="3" align="center">库存I</td><td colspan="5" align="center">运营费用OE</td></tr>
<tr><td>序号</td><td>项目</td><td>费用</td><td colspan="2">序号</td><td colspan="2">项目</td><td>费用</td></tr>
<tr><td>1</td><td>办公室残值</td><td>600000元</td><td colspan="2">1</td><td colspan="2">员工工资</td><td>30000元</td></tr>
<tr><td>2</td><td>办公设备残值</td><td>220000元</td><td colspan="2">2</td><td colspan="2">办公室折损</td><td>15000元</td></tr>
<tr><td>3</td><td></td><td></td><td colspan="2">3</td><td colspan="2">办公设备折损</td><td>4000元</td></tr>
<tr><td>4</td><td></td><td></td><td colspan="2">4</td><td colspan="2">办公耗材</td><td>10000元</td></tr>
<tr><td>5</td><td></td><td></td><td colspan="2">5</td><td colspan="2">电话网络费</td><td>5000元</td></tr>
<tr><td>6</td><td></td><td></td><td colspan="2">6</td><td colspan="2">差旅费</td><td>10000元</td></tr>
<tr><td>7</td><td></td><td></td><td colspan="2">7</td><td colspan="2"></td><td></td></tr>
<tr><td>8</td><td></td><td></td><td colspan="2">8</td><td colspan="2"></td><td></td></tr>
<tr><td>9</td><td></td><td></td><td colspan="2">9</td><td colspan="2"></td><td></td></tr>
<tr><td colspan="2">库存I合计</td><td>820000元</td><td colspan="4">运营费用OE合计</td><td>84000元</td></tr>
<tr><td colspan="2">项目</td><td>公式</td><td colspan="2">计划</td><td colspan="2">结果</td><td>评价</td></tr>
<tr><td colspan="2">净利润NP</td><td>NP=T-OE</td><td colspan="2">300000元</td><td colspan="2">316000元</td><td>合格</td></tr>
<tr><td colspan="2">生产力P</td><td>P=T/OE</td><td colspan="2">5</td><td colspan="2">5.41</td><td>合格</td></tr>
<tr><td colspan="2">投资回报ROI</td><td>ROI=（T-OE）/I</td><td colspan="2">40%</td><td colspan="2">40%</td><td>合格</td></tr>
<tr><td colspan="2">投资效率EOI</td><td>EOI=T/I</td><td colspan="2">50%</td><td colspan="2">49%</td><td>不合格</td></tr>
<tr><td colspan="8">备注：
1. 部门拥有两名注册会计师，总体会计做账能力较强，可以完成公司的各项财务工作要求。
2. 为了保障财务工作的效率和安全性，特对办公电脑等设备进行更新换代。
3. 下个月的目标计划：净利润为316000元，生产力为5，投资回报为40%，投资效率为50%。</td></tr>
<tr><td colspan="3">负责人：张三</td><td colspan="2">审核人：李四</td><td colspan="3">审批人：王五、赵六</td></tr>
</table>

10. 人力资源部有效产出会计核算表（如表2-21所示）

表2-21　　　　　　　　　　　　　　　　人力资源部有效产出会计核算表

<table>
<tr><td colspan="6" align="center">人力资源 部有效产出会计核算表</td></tr>
<tr><td colspan="4">文件编号： SDXB-RLZYB-001</td><td colspan="2">日期：2013/6/10</td></tr>
<tr><td>销售额</td><td>16000000元</td><td>原材料成本</td><td>6000000元</td><td>有效产出T×4%</td><td>400000元</td></tr>
<tr><td colspan="3" align="center">库存I</td><td colspan="3" align="center">运营费用OE</td></tr>
<tr><td>序号</td><td>项目</td><td>费用</td><td>序号</td><td>项目</td><td>费用</td></tr>
<tr><td>1</td><td>办公室残值</td><td>500000元</td><td>1</td><td>员工工资</td><td>40000元</td></tr>
<tr><td>2</td><td>办公设备残值</td><td>300000元</td><td>2</td><td>办公耗材</td><td>10000元</td></tr>
<tr><td>3</td><td>会务室残值</td><td>200000元</td><td>3</td><td>电话网络费</td><td>8000元</td></tr>
<tr><td>4</td><td>招聘合作投资残值</td><td>50000元</td><td>4</td><td>差旅费</td><td>15000元</td></tr>
<tr><td>5</td><td>招聘宣传投资残值</td><td>10000元</td><td>5</td><td>办公室折损</td><td>10000元</td></tr>
<tr><td>6</td><td></td><td></td><td>6</td><td>会务室折损</td><td>6000元</td></tr>
<tr><td>7</td><td></td><td></td><td>7</td><td>招聘合作分摊</td><td>4000元</td></tr>
<tr><td>8</td><td></td><td></td><td>8</td><td>招聘宣传分摊</td><td>2000元</td></tr>
<tr><td>9</td><td></td><td></td><td>9</td><td></td><td></td></tr>
<tr><td colspan="2">库存I合计</td><td>1060000元</td><td colspan="2">运营费用OE合计</td><td>95000元</td></tr>
<tr><td colspan="2">项目</td><td>公式</td><td>计划</td><td>结果</td><td>评价</td></tr>
<tr><td colspan="2">净利润NP</td><td>NP=T−OE</td><td>300000元</td><td>305000元</td><td>合格</td></tr>
<tr><td colspan="2">生产力P</td><td>P=T/OE</td><td>5</td><td>4.21</td><td>不合格</td></tr>
<tr><td colspan="2">投资回报ROI</td><td>ROI=（T−OE）/I</td><td>30%</td><td>29%</td><td>不合格</td></tr>
<tr><td colspan="2">投资效率EOI</td><td>EOI=T/I</td><td>40%</td><td>38%</td><td>不合格</td></tr>
<tr><td colspan="6">备注：
1. 为了改善工作环境，提升工作效率，特装修了两间会议室，投资费用大幅提升。
2. 由于人员招聘难度不断提升，所以，通过与社会力量合作的方式提高招聘效率，满足各个部门的人力资源的需要。
3. 本月差旅费用没有控制好，下个月将加强差旅费用的审批使用。
4. 下个月的目标计划是：净利润为400000元，生产力为5，投资回报为40%，投资效率为50%。</td></tr>
<tr><td colspan="2">负责人：张三</td><td colspan="2">审核人：李四</td><td colspan="2">审批人：王五、赵六</td></tr>
</table>

11. 行政部有效产出会计核算表（如表2-22所示）

表2-22　　　　　　　　　　　　　行政部有效产出会计核算表

行政部有效产出会计核算表

文件编号：	SDXB-XZB-001			日期：	2013/6/10
销售额	16000000元	原材料成本	6000000元	有效产出 T×6%	600000元
库存I			运营费用OE		
序号	项目	费用	序号	项目	费用
1	办公室残值	500000元	1	员工工资	50000元
2	办公设备残值	100000元	2	办公室折损	15000元
3	车队残值	500000元	3	办公设备折损	2000元
4	保安室残值	200000元	4	保安室折损	8000元
5	保安设备残值	10000元	5	保安设备折损	500元
6	办公维修设备残值	10000元	6	办公维修设备折损	500元
7	办公用品仓库残值	200000元	7	办公用品仓库折损	8000元
8	办公用品库存价值	50000元	8	办公用品报废	0元
9			9	车辆折损维护	30000元
库存I合计		1470000元	运营费用OE合计		114000000元
项目	公式		计划	结果	评价
净利润NP	NP=T-OE		500000元	486000元	不合格
生产力P	P=T/OE		5	5.21	合格
投资回报ROI	ROI=(T-OE)/I		40%	33%	不合格
投资效率EOI	EOI=T/I		50%	41%	不合格
备注： 1. 公司在月度会议上，申请购买办公车辆，根据本月的投资回报和投资效率数据显示，购买车辆的申请审核通过，但放到下半年进行购买，现阶段的投资已经超标。 2. 办公耗材的采购没有出现浪费现象，下一步将继续保持。 3. 下一个月的目标计划是：净利润为486000元，生产力为5，投资回报为40%，投资效率为50%。					
负责人：张三		审核人：李四		审批人：王五、赵六	

12. 后勤部有效产出会计核算表（如表2-23所示）

表2-23　　　　　　　　　　　　　　　　　　　　后勤部有效产出会计核算表

后勤部有效产出会计核算表					
文件编号：SDXB-HQB-001				日期：2013/6/10	
销售额	16000000元	原材料成本	6000000元	有效产出T×3%	300000元
库存I			运营费用OE		
序号	项目	费用	序号	项目	费用
1	办公室残值	200000元	1	员工工资	40000元
2	办公设备残值	50000元	2	办公耗材	4000元
3	食堂残值	700000元	3	办公室折损	4000元
4	食堂设备残值	50000元	4	办公设备折损	1000元
5	卫生打扫设备残值	20000元	5	停车区域折损	2000元
6			6	食堂折损	10000元
7			7	食堂设备折损	2000元
8			8	卫生设备折损	500元
9			9		
库存I合计		1020000元	运营费用OE合计		63500元
项目	公式		计划	结果	评价
净利润NP	NP=T-OE		250000元	236500元	不合格
生产力P	P=T/OE		5	4.72	不合格
投资回报ROI	ROI=(T-OE)/I		20%	23%	合格
投资效率EOI	EOI=T/I		30%	29%	不合格
备注： 1.员工食堂的设备过于陈旧，员工希望能够换新的设备，根据部门投资回报和投资效率数据，我们可以了解到暂时无法进行新的投资，更换食堂设备改到10月份进行。 2.下个月的目标计划是：净利润为250000元，生产力为5，投资回报为20%，投资效率为30%。					
负责人：张三		审核人：李四		审批人：王五、赵六	

13. 采购部有效产出会计核算表（如表2-24所示）

表2-24　　　　　　　　　　　　　　　　　　采购部有效产出会计核算表

采购 部有效产出会计核算表							
文件编号：	SDXB-CGB-001				日期：2013/6/10		
销售额	16000000元	原材料成本	6000000元		有效产出T×6%		600000元
库存 I				运营费用 OE			
序号	项目		费用	序号	项目		费用
1	办公室残值		300000元	1	员工工资		30000元
2	办公设备残值		50000元	2	电话网络费		10000元
3	原材料仓库残值		700000元	3	办公耗材		5000元
4	原材料残值		1000000元	4	差旅费		10000元
5				5	办公室折损		6000元
6				6	办公设备折损		1000元
7				7	原材料仓库折损		20000元
8				8	原材料折损		10000元
9				9			
库存I 合计			2050000元	运营费用OE 合计			120000元
项目		公式		计划	结果		评价
净利润 NP		NP=T-OE		450000元	480000元		合格
生产力 P		P=T/OE		5	5		合格
投资回报 ROI		ROI=（T-OE）/I		30%	23%		不合格
投资效率 EOI		EOI=T/I		40%	29%		不合格
备注： 1. 原材料采购出现失误，导致采购的刀具CD-136B错误，供应商不给退货、换货，损失5000元。去年3月采购的一批T235钢材因整理原材料库，部分钢材受到损坏，损失5000元。 2. 下个月的目标计划是：净利润为500000元，生产力为5，投资回报为30%，投资效率为40%。						
负责人：张三		审核人：李四			审批人：王五、赵六		

(七）部门 UTA 战略考核中质询会的使用

当我们的企业完成了上述的月度核算和预算后，接下来是每个月的质询会的召开。我们知道，会议主要分为两种：一种是专题会议；一种是质询会议。我们建议企业每个月召开一次"单元经营质询会"，在会议上对每个部门进行经营状况的质询，评比出表现最佳的部门和表现最差的需要改进的部门，质询会的召开依据就是有效产出会计的几项经营指标。

（八）质询会的召开方式

（1）企业每个月制定一个规定的时间，召开"单元经营质询会"，作为企业经营的主要会议。

（2）会议参与者为各个进行独立核算的部门，企业的总经理和董事长需要参加。如果企业有首席运营官，那么，由首席运营官作为会议的主持人，会议必须有专职主持人。

（3）会议流程如下：

①主持人的开场词

主持人：今天是××××年××月××日，我们对企业各部门××月度的经营情况进行质询；参加人员××人，实到××人，单元经营质询会现在开始。

②由总经理汇报××月度企业的经营情况

汇报方式为：××月度净利润为××，目标是××（是否达标）；生产为××，目标是××（是否达标）；投资回报为××，目标是××（是否达标）。下一个月的经营计划目标是：××月度净利润为××，生产力为××，投资回报为××，投资效率为××。

③各部门分别汇报和接受质询

主持人讲：由×××部门介绍××月度的经营情况。

部门汇报方式为：××月度净利润为××，目标是××（是否达标）；生产为××，目标是××（是否达标）；投资回报为××，目标是××（是否达标）。下一个月的经营计划目标是：××月度净利润为××，生产力为××，投资回报为××，投资效率为××。

主持人讲：请各部门质询。

汇报部门——回答其他部门提出的问题后,由总经理和董事长等高层给出最终的评价,决定是否通过。如果不通过,需召开专项会议进行探讨。

(4)将会议的内容进行公示,让企业的员工都了解企业的经营情况,都参与到企业的经营中去。

总之,通过对 UTA 经营管理模式的介绍,我相信大家完全可以按照自己企业的实际经营情况选择有序地导入该管理模式。切记:一旦选择好了要导入的模式,并设计出导入流程,就一定要坚持不懈地导入下去。因为任何一个企业的改革都是一场革命,只不过是目标的大小不同,此时必须坚定信心,科学地进行 UTA 的导入,疑惑、畏缩、放弃带来的都是一次变革的失败;同时,也预示着下一次变革将更加困难。

第三章
企业管理者如何思考

本章导读

第一节　正确思考的前提——四观
第二节　TOC 思考程序 TP 基础知识初级学习
第三节　冲突图

第一节　正确思考的前提——四观

TOC 的思考程序 TP 较为复杂，是 TOC 体系中最难学的一部分。首先，我们要谈到这样一个问题——为什么面对同样一个问题，不同的人对其思考的结果不一样呢？这里不仅涉及到思考方法的问题，更主要的是你是站在哪个角度去看问题。站在高处可以望得更远，缺点是看得不够清楚；站在低处可以看清眼前，但容易迷失方向。讲到这里，可能会有人说，那就让企业的总经理、副总经理们往远处看，企业的其他人员都站在低处看，各尽其责、互相引导。能做到这样当然也行，但对于一个企业整体业绩的提升来讲，其实并不是最佳的方法。因为处于低处的人没有方向，他们的工作决策容易影响企业整体的发展；而站在高处的人虽然看到了未来，但对企业的实际经营过程缺乏清晰的了解。可见，最佳的方法是大家都能够站在自己的角度观望远方和眼下，这样一来，沟通和指导的效率就会更高。其实，作决策并不复杂，只要在决策的时候能考虑周全一些即可。当我们不能够以正确的观念面对问题的时候，我们就很容易在决策的过程中忽略掉一些条件，这样会让决策失误的概率大大增加。

一、系统观

（一）用系统观看待企业管理

系统这个词在企业管理中经常被使用，那么，什么是系统呢？中国著名科学家、学者钱学森认为：系统是由相互作用、相互依赖的若干组成部分结合而成的具有特定功能的有机整体，而且，这个有机整体又是它从属的更大系统的组成部分。系统观是指以系统的观点看自然界，揭示了自然界物质系统的整体性、关联性、层次性、开放性和动态性等。我们用系统观对这个企业管理系统中出现的问题进行分析的时候，就一定能够做出正确的决策。一个企业在经营的过程中会出现各种问题，我们将如何看待这些问题呢，是根据问题给企业带来的直接经济损失吗？当然，直接经济损失是要看的，但我们主要关注的还是这个问题在系统中所处的位置，如果是由于偶然事件造成的损失，那是容易解决的。但是，如果这个问题是处于整个管理系统的某个问题环节，这个时候，企业就要不遗余力地将其处理掉。否则，这样的问题还会继续发生。即使这个问题在发现的时候很小，如果我们没能及时处理好，它就有可能造成更大的损失。所以，如果问题是由于企业管理系统中的某个环节造成的，这个时候，企业就需要关注了。其实，企业管理就是在不断地进行管理系统的完善和改善。当这个管理系统较为高效的时候，企业管理工作就会变得很轻松。很多企业管理工作之所以忙，都是忙在救火，忙在亡羊补牢上了。

（二）高效的系统什么样

做企业做得最好的都是在构建一个高效的系统。一个系统由很多资源构成，我们在分析一个事情的时候，要从资源的角度进行分析，这些资源的串联靠的不只是因果逻辑，还有利益的公平分配。

很多企业的管理部门和人员在日常工作的时候，很容易产生局部观，导致很多工作出现了保证了部分人的利益而忽略了企业整体的利益。这样的结果是很多企业家不愿意看到的，也是很多企业都存在的。这就需要在构建企业管理系统的时候，不要给大家犯错的机会。

（三）出现问题是由于某项资源的不充分和缺失

企业在经营的过程中，就是一个创造价值的过程，企业通过提供服务或产品获取利润。在企业运行的整个过程中，每个人提供着不同的服务内容，在这些服务内容中有些是直接负责产品某项生产作业的，有些是提供原材料采购服务的，有些是提供后勤保障工作的，有些是提供财务支持的，有些是提供市场开拓的，等等。这些工作内容进行流程化的合作后，最终实现了对客户的服务，从而得到了客户的报酬。当其中某项服务内容出现问题的时候，就会导致其他服务内容也出现问题。例如，当人力资源管理系统出现问题的时候，因为一些岗位的工作内容模糊不清（部门职能、岗位职责不清），这样就会导致工作中出现扯皮的现象，一些问题产生后没有人处理，最后发展成为问题事件。例如，企业采购部没有准时采购回原材料，致使后面的工作无法开展。这个时候，一定是某项工作环节出现问题，比如财务没能准时提供资金支持，这说明企业的资金管理低效，或者采购人员的工作能力欠佳。企业出现问题的时候，一定是企业的众多资源中的某项资源出现不足造成的。系统是由各种资源组成的，而各种资源在系统中承担着不同的作用，要想提升整个系统的效率，就需要提升系统资源中最弱的那种资源。

在企业管理中，当员工犯错的时候，我们所要考虑的不只是如何处罚他，还要考虑是企业的整个管理系统中哪一个环节出现资源缺损了，我们该如何进行修补。当一个员工表现优异的时候，我们也要分析是管理系统中的哪一个有效资源促使他产生如此好的工作结果，并对该系统进行强化。

当我们站在某一个部门的角度，就会发现问题来自于出现问题的那个系统环境。当企业销售业绩差的时候，人们往往会认为是营销部门做的不够好，这个时候，大家都去批评营销部门。但很多时候，是我们给客户提供的服务存在问题，客户对我们的服务不满意；或者是我们的营销策略有问题，我们没有找到正确的客户群。

案例分享19：盲人摸象

从前，有4个盲人很想知道大象是什么样子，可他们看不见，只好用手摸。

比较胖的盲人先摸到了大象的牙齿，他就说："我知道了，大象就像一个又大又粗又光滑的大萝卜。"

高个子盲人摸到的是大象的耳朵，他说："不对，不对，大象明明是一把大蒲扇嘛！"

"你们净瞎说，大象只是根大柱子。"原来，矮个子盲人摸到了大象的腿。

年老的盲人嘟囔着："唉，大象哪有那么大，它只不过是一根草绳。"原来，他摸到了大象的尾巴。

四个盲人争吵不休，都说自己摸到的才是大象真正的样子。

很多时候，我们就像上面故事中这4个盲人一样，我们所看到的都不是系统的全貌。例如，在生产人员的眼里，企业的核心价值就是生产，只要企业在生产，企业就一定在赚钱；营销人员眼里的企业核心就是营销，他们认为只要企业提供的产品能够销售出去，企业就不会有大的问题。不同部门的人员往往会将观念局限在他们所工作的范围内。正因如此,他们的很多工作决策常常会危害到企业的整体利益。企业所关注的一定是整体的绩效指标,而不是某一个职能部门的绩效指标。当大家都以整个企业的业绩指标为工作决策的依据的话,整个企业的业绩就会得到真正的保障。因为某个职能部门的业绩提升,不一定会让整个企业的业绩得到提升,除非提升业绩的这个部门是整个企业的瓶颈。

(四)一个系统只能有一个目标

企业在经营的过程中经常出现这种情况:生产部为了提升准交率而和质量部讨价还价;营销部为了接到订单,给客户极高的承诺,致使生产压力倍增,生产现场出现混乱;技术部过多地注重工艺的完美,却忽略了生产加工的难度;财务部为了控制采购成本,制定了繁琐的货款支付流程,致使采购计划经常不能完成;企业为了提升工作效率而开各种的会议,结果导致大量工作时间被用于开会……

总而言之,仅从局部看,企业中的任何一个人,上至总经理、下到普通员工都无法看到系统的全貌。在企业管理工作中,我们很多时候就好像那4个盲人一样,被眼前的利益假象所蒙蔽,以为这就是整个系统的利益。一个系统只能有一个目标,所以,只有站在系统观的角度上做出的决策才不会伤害到企业的利益。

二、有效产出观

(一)企业的经营目标是赚钱

企业经营的目标是什么?其实,答案很简单,那就是赚钱。有人说企业经营的目标是服务客户、创造社会价值。其实,企业为社会创造价值是在赚钱的基础上。员工愿意留在企业,需要企业给他提供最起码的物质需求,而企业能够继续经营下去也需要有源源不断的利润回归。可见,赚钱是一个企业生存和发展以至于回报社会的最基本条件。所以,企业决策一定不能偏离赚钱这个目标。

(二)企业的决策目标应该和经营目标一致

很多企业为了增加自己的赚钱能力,就采取成本管控的方法。成本管控是没有任何问题的，但是不正确的成本管理表面上看是有利于企业赚更多的钱，实际上却损害了企业的长期利益。例如，有些企业为了进行严格的成本管控，对生产上的很多工作进行成本核算，导致设计研发部门迫于成本压力而放缓了研发的速度。有的企业对各个经营环节制定出降低成本的指标，导致很多部门为了达标不计后果地降低成本，这样做反而使企业的利益受到影响。例如，有一家机械制造企业为了减少生产刀具的投入成本，将过去的进口刀具一律换成了较便宜的国产刀具。这样做，对一些精度要求较低的制造工艺是可以的，但对那些要求较高的制造工艺就不行，会导致成品质量下降、客户的投诉次数增加，管理难度增加。虽然表面上是减少了一点开支，但企业损失了大钱。

（三）提升赚钱速度需要降低成本，但降低成本不一定都能够提升赚钱速度

我在这里不是否定成本管理，我们否定的是错误的成本管理办法。例如，有些企业的仓库管理就非常松散，员工可以随意地进入拿走所需的东西。这样的成本管理确实存在问题，这样一来就造成成本管控漏洞。有些企业发现了这个问题，为了加强成本管控力度，杜绝浪费的发生，他们增加了采购使用申请、采购分析和使用管控内容。这样一来，不仅增加了企业的管控成本，也造成因生产供应不及时而影响生产计划的完成。可见，管控成本本身是正确的，但出发点不应该是降低成本，应是赚钱速度的提升。

企业进行决策时所依照的参考指标应该是赚钱而不是成本。可能有人会说降低成本和赚钱有区别吗？我只能说，它们在有些状况下是一样的，但在很多状况下是不一样的。例如，企业购买一套新的设备，这套设备可以提升生产效率，同时，可以减少三名员工。这个时候，你是否愿意购买这套设备？假设，在招聘员工没有困难的情况下，企业一般都会尽量不购买新的设备，因为这样会增加成本。但如果投资回报率只有不到一年，而增加的产能远大于之前的老设备，这个时候，你会发现购买新设备是对的。所以，当企业是以降低成本为管理目标的时候，企业的发展多少都会受到影响。

（四）决策以有效产出为依据

企业在进行考核的时候不要只关注成本，更要关注产出，因为你关注成本的目标还不是为了产出吗？关注成本只是为了杜绝浪费，一个企业的经营目标是为了产出而不是为了杜绝浪费。虽然杜绝浪费可以帮助企业提升产出，但它发挥的是间接作用，我们何必绕了一个大圈将自己绕晕呢？总之，注重成本管理本身是没有问题的，但企业如果是以降低成本的方式来进行管理决策就会出问题。

案例分享20：一颗螺丝

在这里，我给大家讲一家汽车生产企业的故事。当时，这家企业邀请我为他们讲课。在该企业进行参观时，我看到了这样一件事情：这家企业的生产过程非常严谨，尤其在成本管控这个方面，他们对原材料的领发可以精确到一颗螺丝。

那天，我们在企业的一角发现一个管理干部正在批评两名员工，这个管理干部是总装车间的厂长；而那两个被批评的人员一个是企业的装配员工，一个是企业的段长。原来，这个段长是企业从别的厂调来的老段长。这个员工早晨在进行最后一辆汽车车门装配的时候，发现少了一颗螺丝。这时，他找到了他们的段长，段长发现是领料的时候错领了一个螺丝。错领的这颗螺丝比正常使用的螺丝大了3个型号。本来这件事情只需要认个错，重新领料就好了，但如果重新领料就会使生产线停线，上级领导就会发现这个问题，并且，会造成成本浪费，当月的成本指标就无法完成。段长越想越不敢让生产线停线，因为他们有明文规定——造成成本浪费有详细的处罚规定。于是，段长让装配员工将气动自动螺丝刀调到最大扭力，想用力将这颗螺丝拧进去。可事与愿违，他拧了一半，就再也拧不动了。这时，他们才将事情上报给上级领导。

上面故事里的这件事情所反映出来的不只是员工的职业素养的问题，而是管理观念的问题。如果站在成本观的角度看，这样做一点都不奇怪；如果站在有效产出的角度上看，这是绝对不能做的。假设将那个螺丝拧进去了，在后边的检验中也有可能被发现，到时候再进行维修，成本就会增加很多。如果这辆车在后边的检查中没有被发现，到了市场上后，它带来的损坏就不止是这辆车的利润了，整个企业的形象也会被影响。在有效产

第三章 企业管理者如何思考

一颗螺丝

出观的思想上所建立的衡量标准，是不会让员工发生这样的事情的。所以，企业要关注成本的控制，但还是要以创造有效产出为目标。

三、逻辑观

企业管理要讲逻辑，不能依靠感觉或者依靠经验。

逻辑思维可以创新，而经验却很难创新。这也是为什么经验是有寿命的了。因为经验的使用一定是发生在类似的事情上，这样一来，随着时间的推移，很多时候经验就会失效。在某个特定的环节下，经验是可以帮助我们的，甚至是非常宝贵的。但是，经验需要在不断的学习和实践中产生；并且，我们在学习和实践中还要放弃那些旧的经验，不断总结出新的经验，这才是有效的学习。不论是人的成长，还是企业的成长，都是靠这个过程实现的，没有一成不变的经验。

我们发现现在很多一夜成名的企业都是打破了行业的经营经验或者技术经验。总之，他一定是比同行有了突破性的改变。例如，当大家都在抱怨成本增加、利润减少、市场不景气的时候，苹果公司宣布要进入手机行业。这个时候，很多所谓的专家都出来评论说不看好，可是，结果我们已经看到了，在这里就不用讲了，为什么这么多不看好的人失策了呢？原因就在于他们是采用过去的行业经验对问题进行分析的，而苹果公司却没有遵循传统行业的模式，而是将行业的经验模式作为打破的对象。

一个把传统行业经验作为指南针的经营者，如何能比得上一个打破传统行业经验的人呢？说到这里，有人会问，那经验就没有价值了吗？不是的，经验依然有它的价值，它可以规避一些错误的重复发生。

案例分享21：原来如此

有一家研究所引进了两名博士，这两名博士到了这家单位后对老研究员的很多做法不是很认同。所以，他们和老研究员间的关系处理得不是太好。

某个节假日的一天，他们透过窗户欣赏研究所宿舍外边的风景。突然，他们发现研究所的墙外有一个小池塘，这个池塘有一部分在研究所里面，有一部分在外边，中间被墙（墙上有一扇敞开的门）拦着，在墙外的池塘边有两个老研究员在那里钓鱼。于是，他们也打算出去钓鱼。虽然这个池塘被研究所的围墙一分为二，如果想要到围墙外的池塘上去钓鱼，他们需要绕很大一圈才能到达。最后，他们还是准备好钓鱼工具走了很长的一段路，到了研究所外的池塘边，找了一个好地方开始钓鱼。钓了一段时间，他们突然想上厕所，但周边根本没有厕所，要想上厕所必须到宿舍去，到宿舍又那么远。于是，他们就尽量忍着。过了一会儿，他们发现一位老研究员从池塘的水面上踩着水跑到了研究所池塘的岸边。他们感到非常惊奇，也想试一试，但又恐怕掉入池塘中。所以，他们依然忍着。等了一会儿，他们发现那个老研究员采用同样的方法，从对岸踩着水跑回来了。他们想，是不是这个水有什么特别的地方。过了一会儿，另一个老研究员也按照同样的办法去了厕所。这时，这两个博士实在是忍不住了，他们大胆地迈步踩向水面，结果，他们同时掉到水里。那两个老研究员发现后，将这两名博士拉出水面。两名老研究员告诉这两位博士，原来这个池塘上有一座用木头做的浮桥，前一段时间下了一场大雨，浮桥被水覆盖住了，从外边不细看是看不出来的。这两位老研究员经常走这个浮桥，所以，即使看得不是很清楚，也能凭记忆从浮桥上走过去。

当企业还没有找到打破过去的经验的时候，需要依靠企业总结出来的经验，但还要时时考虑如何打破现有的经验，创造出新的经验。经验是一个企业的财富，能够打破经验是一个企业的发展动力。企业管理要按照逻辑办事，而不是盲目地按照经验去做，因为我们的企业要不断地向前发展。

案例分享22：用不完的经验，开不完的会

在上海工业园区有一家给船舶制造厂生产配件的企业，他们是国内某知名上市集团的子公司，他们建厂直接一次性投资就达三亿多元。同时，他们也接到了中国最大的船舶制造商的订单。可是，就在该企业的生意如日中天的时候，他们的生产管理却出现了一系列的问题。用他们的话讲，他们的问题实在是太多了，他们感觉解决的问题没有新产生的问题多，甚至他们的大客户已经对他们非常不满了，一直在缩减订单。就在这个时候，他们请我到企业中帮他们看看。

用不完的经验，开不完的会

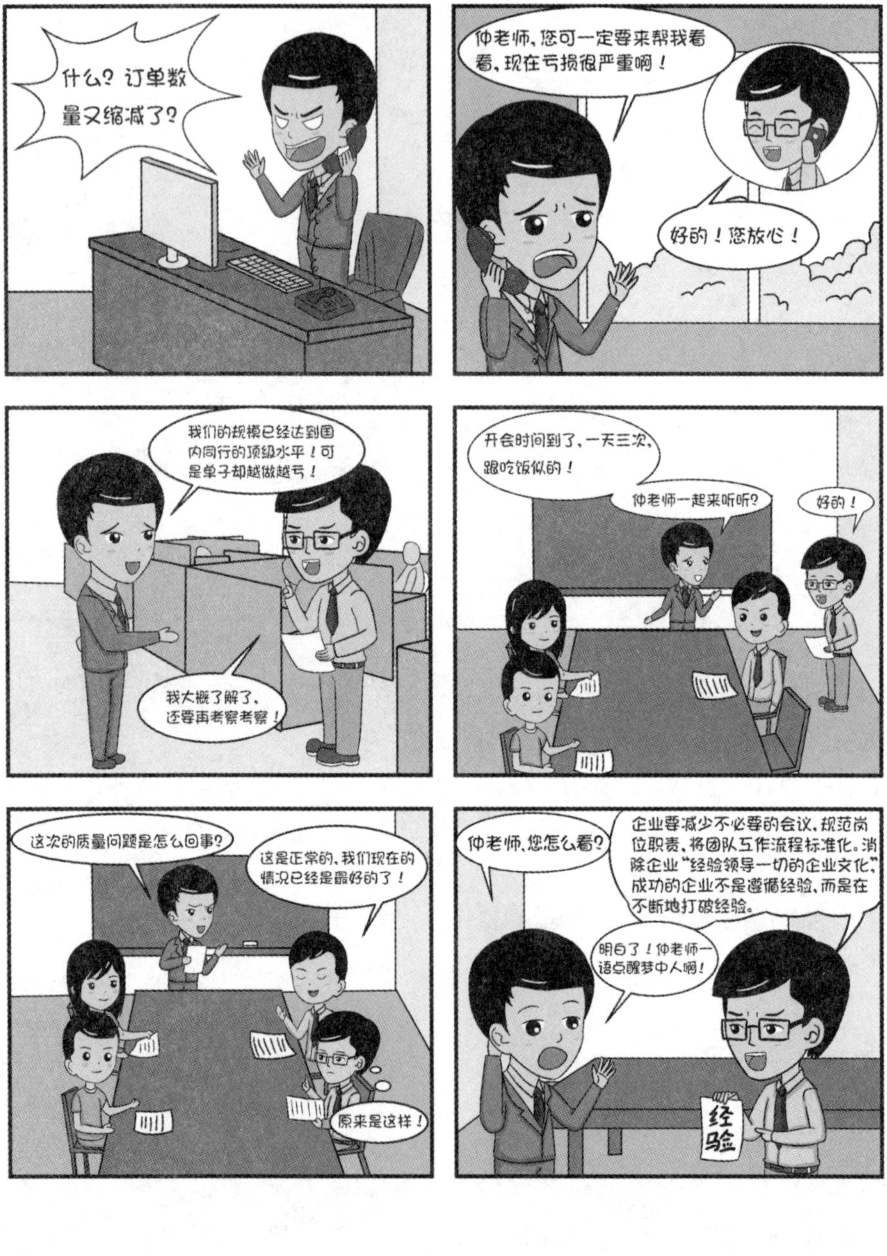

到了该企业后，我和他们的各部门高管进行了一对一的交谈，又看了他们的一些管理数据。他们跟我说，他们现在最怕的事情就是开会，他们每个月的开会时间已经占到工作时间的一半。经过一天的简单调研，经过协商，我要求参加他们的会议，了解一下实际情况。他们从国内知名的国有企业聘请来两位离退休的高管，并且，从另外一家企业中又挖来几个高级工程师。这些人就成为了企业的管理权威和技术权威，原来的管理制度文件等都被他们废止了。用他们聘请的副总经理的话讲：我在船舶生产企业工作了大半辈子，我所讲的都是最科学的，如果按照我的经验做，什么问题都将不是问题。我发现当他们遇到什么问题需要解决的时候，他们会讲很多原因，大多数时间都是在讨论这些原因是谁的责任。实在无法解释的时候，他们就会讲，我们在原来的企业的时候就是这样做的啊。比如，他们有一些产品喷塑的合格率不到50%，有时候，一批产品他们要喷塑两三次才能完成，而且，一直出现质量问题。每次问到该如何解决的时候，高级工程师们的回答都是："这是正常的，我们现在的情况已经是最好的了。"有人问，别的企业也是这样吗？那个××企业就不是这样的啊。他们会用非常高超的语言技巧搪塞过去。这样，企业慢慢形成了这样的一种文化：当遇到问题的时候，谁能讲出这个事情按照经验怎么做之类的话，谁就马上会很有面子。那些基本没有什么经验的年轻人也学着这样去思考问题。甚至有人认为，昨天就出现这个问题了，所以，今天再出现这样的问题没什么奇怪的啊。

上面这个案例中的这家企业已经不是经验对错的问题了，而是他们已经形成了崇拜经验的文化。他们靠经验指导管理，靠经验完成生产，经验的多少决定一个人的能力高低。我不反对经验的价值，是因为我们尊重一个人的工作经历和一个人的过去；我们看重经验，是因为我们希望提升解决问题的能力，提高工作效率。可惜，他们的经验却成了他们否定其他一切方案的参考标准，成了他们超越制度的理由，成了一切低绩效存在的理由。如果经验不是用来帮助人们继续发展，而是用来限定改善的话，还有什么用呢？当你认为一件事情是不可改变的，那么，不论这件事情多简单，对于你来讲都是一座无法逾越的大山。当你认为这件事情是可以改变的，不论这件事情多么复杂，对于你来讲都有广阔的前景，只是需要一些时间而已。

四、动态调整观

世间的事物都是随着时间和空间在发生着变化，没有一成不变的事物。就像我们在物理课上学的，运动是永恒的，静止是相对的。因此，在企业经营管理的过程中，要以动态的观念来看待每一项工作，尤其是当今时代，已和过去那种"一招打遍天下无敌手"的时代不一样了。

很多企业管理人员都希望能够学到一种可以解决一切问题的管理方法。大家想一下，如果真有这种方法，为什么那么多知名企业还要互相学习，还要不断研究出新的管理方法呢？可见，企业发展进步的一个重要表现就在于管理系统的升级和突破，保持一成不变，还想产生改善，是不可能的事情。就像一个人每天做同样的事情，却期望不同的结果，这种事情在梦里都很难实现。有些企业引进了国外很多的管理方法，其中最具代表性的是5S、QCC、精益生产Lean、六西格玛。这些管理方法在这些企业中不要说能达到什么效果，又有几家企业能够做到持续推进呢？很多企业推行一段时间后，随着人们的热情渐渐地减退，这些管理方法渐渐地被遗弃了，企业的高管也默认了这样的结果。美国生产管理权威机构APICS做了详细的调查，发现很多企业导入了精益生产、六西格玛等管理方法，一部分企业根本没有产生什么改善效果，只是多了一些虚假的数据。

我一直都在带大学毕业生，希望他们能够将管理咨询工作做好。后来，我发现很多大学生只能做模板型的管理咨询。也就是给他们一个模板，他们会根据企业的实际情况，按照这个模板来完成咨询服务。如果你给他们一个按效果付费的咨询项目，也就是根据企业的实际情况，根据现代社会先进的管理方法和成功案例去做咨询服务，甚至带着指标去做，如果达不到效果，就没有任何报酬的话，他们基本会束手无策。

模板和案例是死的，只有应用到实践中才能发挥它们的作用。时间在流逝，事物在发展，每个企业都存在很多的不同，包括那些同处一个行业的企业。我们只能是实事求是地建立每一个有企业特色的管理系统，而不是生搬硬套。动态调整观是企业进行改善和发展的核心观念，做一件事情或一个项目的过程中一定会出现各种出人意料的问题。这个时候，我们要进行动态调整，实现最终的目标。达尔文曾说过："自然界生存下来的，既不是四肢最强壮的，也不是头脑最聪明的，而是有能力适应变化的物种。"动态调整就是随着事态的发展随时进行调整，当然，这种调整是有目标和原则的，而不是遇到问题后直接调整，这样是绝对错误的。

案例分享23：不拉马的炮兵

一位年轻有为的炮兵军官上任伊始，到下属部队参观炮团演习。他发现有一个班的11个人把大炮安装好，大家都各就各位，但其中有一个人站在旁边一动不动，直到整个演习结束，这个人也没有做任何事。军官感到奇怪："这个人没做任何动作，也没什么事情，他是干什么的？"大家一愣，说："原来在作训教材里就是讲这样编队的，一个炮班11个人，其中一个人站在这个地方。我们也不知道为什么。"军官回去后，经查阅资料才知道这一个人的由来：原来，早期的大炮是用马拉的，炮车到了战场上，大炮一响，马就要跳，就要跑，这个士兵就负责拉马。

事物是发展变化的，如果我们还用过去的老眼光去看新事物，就会产生很多不理解。随着环境等条件的变化，我们也要进行变化。在上面案例中，一个炮班需要11个人，其中有一个人的工作职责是负责拉马。在过去，这样是非常正确的；但在现代，还是按照这个编制行事就不合理了。

事物是变化发展的，我们在做决策的时候一定要审时度势，以最正确的前提条件为参考。

在现实生活中，我们常常会以静止的观点去看待问题。事物每分每秒都在发生变化，如果我们只是站在过去的角度看待事物，就很容易出现错误。

案例分享24：只赚到了九牛中的一毛

在陕西有一家生产涡轮叶片的企业，他们拥有国内最大的叶片生产设备和生产技术。建造三峡水坝发电厂的时候，就邀请他们投标。当他们得知三峡大坝所要的涡轮叶片的体积非常大，而且时间根本不够的时候，虽然对方给出了可观的价格，他们也有些犹豫。他们考虑到自己的机器是可以加工出大涡轮叶片的，只是他们无法将零件运送到客户那里。首先，汽运是绝对不

只赚到了九牛中的一毛

可能的，因为涡轮叶片的重量和体积都是公路交通所不容许的。通过铁路运输的话，运输到三峡的过程中需要路过几个隧道，零件的体积大，根本过不去。三峡水利工程项目组给的生产周期也不够，他们认为时间最少要三倍才可以。最后，他们给三峡水利工程招标方的回答是：这个单我们接不了。

这家企业以为他们做不了，在国内就不可能再有企业可以完成这个订单了，客户会因此修改设计图纸。没想到，没过多长时间，一家南方的企业接了这笔订单。这家企业不大，但他们想出来一个办法：将零件分成几部分，分别加工，然后组装在一起。通过外包和分别加工，不仅可以节省生产时间，还为铁路运输提供了方便。最后，这家企业通过和三峡水利工程项目组商讨和论证，得到了对方的认可，成功地接到了这笔订单。而陕西的这家企业却成为了南方那家企业的外包供应商，他们只是从中赚到了一点加工费。

上面的案例中，陕西的企业是自己主动提出不接订单的，他们认为这个订单根本无法完成。他们之所以做出这样的决定，是因为他们认为零件的设计图纸是无法修改的，他们的所有设备都用上也无法满足生产的需要，他们所能想到的运输方式也无法完成运输。没想到，南方的那家企业只是对前提条件进行了调整，结果就发生变化了。这个案例告诉我们：当我们已有的经验和模板无法完成某项工作的时候，我们第一时间要做的是动态地调整方法、策略、工作计划，而不是要求对方修改目标。

第二节　TOC 思考程序 TP 基础知识初级学习

TOC 有效产出会计可以给企业提供非财务人员的财务决策帮助，但是，对于企业遇到的一些经营失误和经营难题，提供的帮助不够全面。于是，我特增加了此节内容，希望能给企业提供关于解决问题的思维方式，这部分内容就是 TOC 整个管理方法体系中最难的思考程序 TP。

一、系统间的因果联系

会管理的人除了要学习一些好的方法，还要具备敏锐的观察力和对未来的预知能力。因为他们可以在别人还没有发现问题和机遇的时候，首先发现并采取行动。可见，管理者要不断地锻炼自己的思维能力，最起码要做到一般人都看不到的结果而你可以看到。很多管理者都是看到公司的业绩报表了，才知道企业真实的经营状况，可见，他们的思维能力有多差。

案例分享 25：关于马蹄铁的故事

以前有个国王要出去打一场关乎国家存亡的仗。于是，国王就命令马夫给他的马换马掌。后来，国王发现马掌上少了一个马蹄钉，因为时间短，来不及寻找，国王就骑着这匹少钉了一个马蹄钉的马出发了。在拼杀冲刺的时候，国王骑的这匹马的马掌因为少了一个钉子就掉了，马就摔倒了。敌人冲了过来，杀死了这个国王，这个国家也就亡了。

上面这个故事就是企业管理中讲的蝴蝶效应：断了一枚钉子，掉了一只蹄铁；掉了一只蹄铁，折了一匹战马；折了一匹战马，摔死了一位国王；摔死了一位国王，吃了一场败仗；吃了一场败仗，亡了一个国家。我们这里主要是讲这个故事中的逻辑关系。企业在进行经营管理的过程中，我们可以通过因果关系来预知未来，我们也可以通过因果关系来审视工作，但绝对不要把因果关系当作推卸责任的借口。我们弄明白了系统中的因果关系的链接作用，接下来，就需要了解什么是充分必要条件了。

二、充分必要条件逻辑

（一）充分必要条件与逻辑推理

请看图 3-1，如果事物 A 的产生就一定会导致事物 B 的出现，如果事物 A 没有产生，事物 B 就一定不会产生，这个时候，A 就是 B 的充分必要条件。如果事物 A 产生了，事物 C 不一定产生；如果事物 B 产生了，C 也不一定产生；但是，如果事物 A 和事物 B 都产生了，事物 C 一定产生，这个时候，事物 A 和 B 分别是事物 C 的必要不充分条件，而事物 A 加事物 B 就是事物 C 的充分必要条件。通过这样的逻辑推算，我们会发现一个事物的产生一定有一些前提条件的推动，很多管理中的不可能就是建立在一个合理的前提条件上。所以，我们与其去审视结果 C，还不如去审视前提条件 A 和 B。下面，我以一个燃烧的例子来进一步讲解。

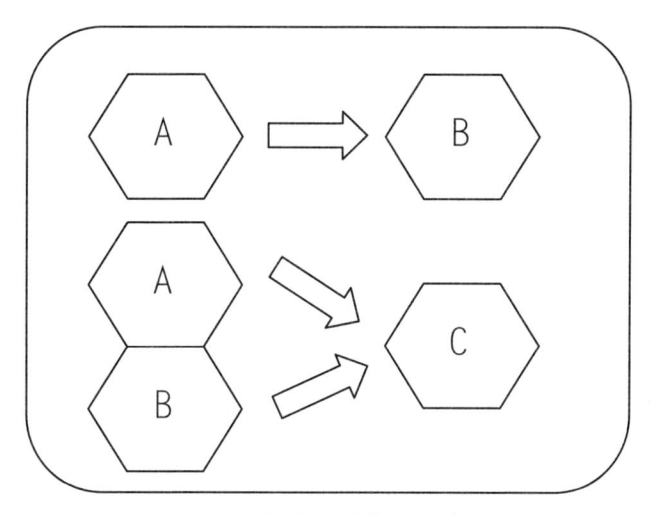

图 3-1　充分必要条件示意图

①要想产生火，就必须有助燃剂（氧气、氯气等）。

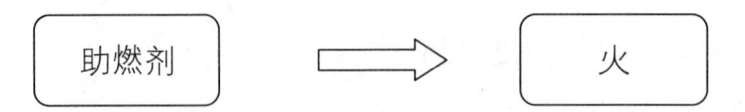

助燃剂 ⇒ 火

②要想产生火，就必须有燃烧物。

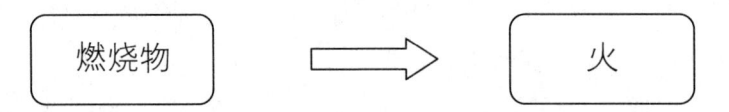

燃烧物 ⇒ 火

③要想产生火，就必须达到燃点（燃烧物燃烧时所需的温度）。

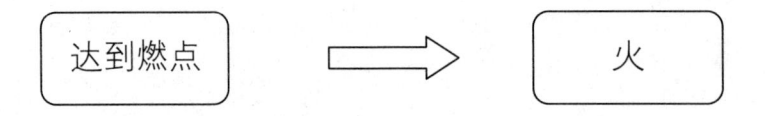

达到燃点 ⇒ 火

④要想产生火，就必须同时具备助燃剂、燃烧物、燃点。

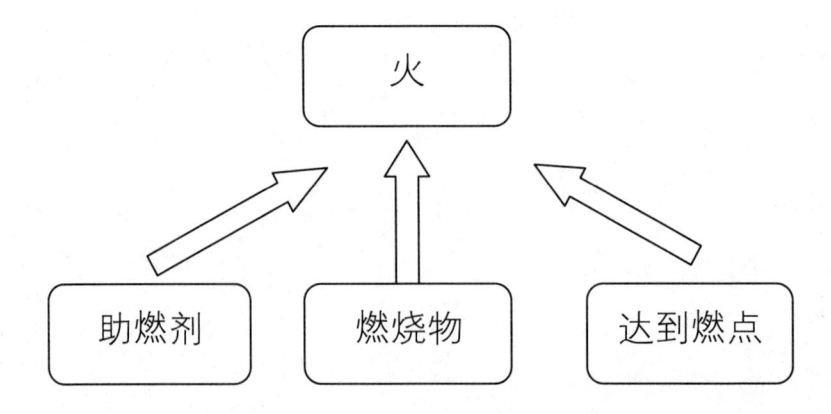

火
↑
助燃剂　燃烧物　达到燃点

比如，我们点蜡烛，蜡烛就是燃烧物，空气中的氧气就是助燃剂，而点蜡烛时使用的打火机产生的火焰使蜡烛达到燃点。如果我们想让这支蜡烛燃烧，就必须让上面的三个条件都实现。

（二）通过充分必要条件分析，可以找到解决问题的条件

案例分享 26：原来这才是病根

江苏有一家船舶零部件生产企业，他们的准交率极低，并且，一直没有得到改善，导致客户由抱怨变成埋怨，最后，客户彻底失望了。客户对供应商失望了，说明你的产品就不具备竞争力了，这家企业的经营状况就一定会出现问题。

首先，我们对该企业准交率低这个结果进行条件分析。能够造成企业准交率低的条件无非就是以下四个：①采购不能做到要料有料；②制定的生产计划不合理；③生产现场出现生产异常；④营销员接的单子不合理。然后，我们对该企业的实际情况进行数据收集。我们发现这家企业比较特殊，这四种情况都存在。我们对这四个因素分别进行了充分必要条件分析，分析过程如图3-2、图3-3、图3-4、图3-5所示。

对这家企业的采购信息情况收集的结果是：他们的很多采购都是临时采购，有时采购时间根本不够用；企业的采购审核流程太繁琐，对急单采购缺乏应对措施；采购过程中常由于财务不能及时付款，导致供应商推迟供货；供应商经常没有按照规定的时间供应货物。

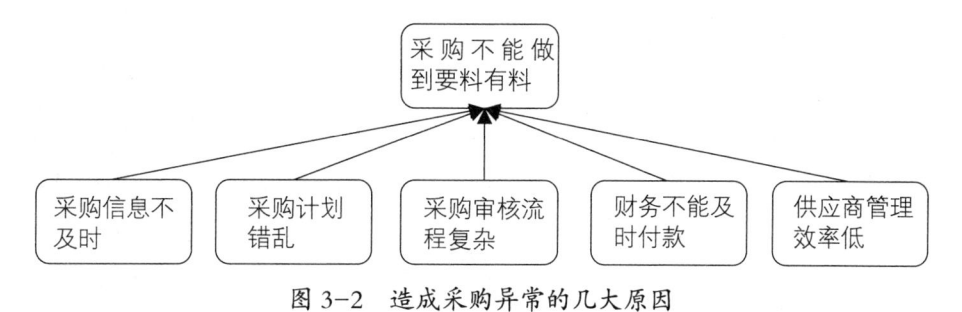

图 3-2　造成采购异常的几大原因

对这家企业的生产计划情况收集的结果是：营销员在接订单的过程中和接到订单后都没有正确地与生产部进行生产沟通，只是简单的信息传递；营销人员对生产状况不了解，接了大量的急单，甚至有些急单根本不急，但他们为了保证准时交货而主动缩短了交货时间，客户预留了缓冲时间，营销人员也预留了缓冲时间；生产现场采用承包责任制，以产量来核算员工的工资，导致员工都先完成容易做的产品，并且，生产信息统计存在造假的情况；企业的采购采取货比三家的方法，企业没有固定的供应商，导致回馈信息误差大；生产规模如此之大的企业只有一名生产计划人员，并且，该生产计划人员是由生产人员提拔而来，根本不会制定生产计划，他所制定的计划就是一个生产统计报表，根本没有任何指导意义，主要还是依靠跟进和催促完成生产管控。

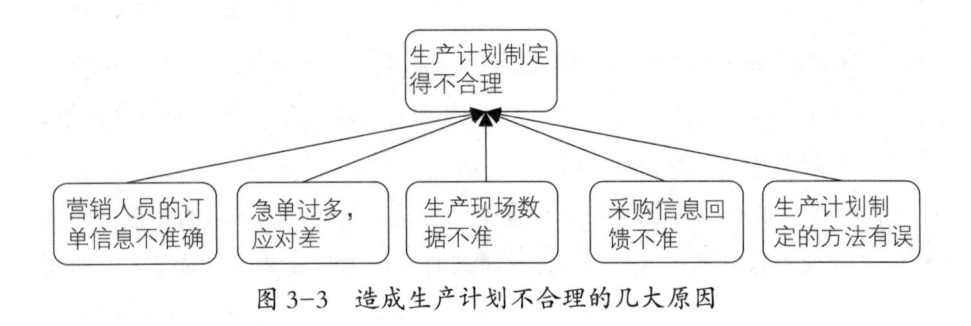

图 3-3　造成生产计划不合理的几大原因

对这家企业的生产现场管理情况收集的结果是：企业采购回来的原材料经常出现数量不够，需要二次采购，以及外协件质量不过关，需要重新安排加工的情况；由于生产的零部件体积较大，生产过程中物流管控低效，生产员工每天将大量的时间用于生产搬运；生产过程中的质量管控主要依靠班组组长完成，首检、过程检验等检验工作效率低；由于生产现场是承包制管理，导致生产员工只听生产队长的话，其他生产管理部门无法有效地参与到生产现场的管理中。

第三章 企业管理者如何思考

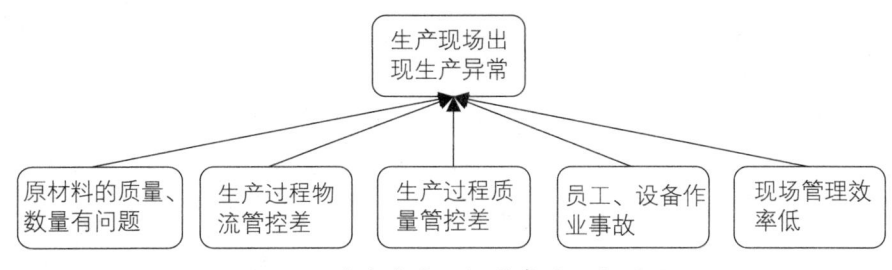

```
          生产现场出
          现生产异常
         ↗  ↑  ↑  ↖
原材料的质量、 生产过程物 生产过程质 员工、设备作 现场管理效
数量有问题   流管控差   量管控差   业事故     率低
```

图 3-4　造成生产现场异常的几大原因

对这家企业的营销管理情况收集的结果是：营销部门人员多，工作时各自为政，每个人手里有各自的客户，营销计划也只是将每个人的客户订单统计在一起而已，营销人员甚至自己到生产部安排生产；订单的审核更是简单，只要通报营销总监知道即可，就可以通知生产部门安排生产，生产部门每天都能接到各种生产信息，他们都不知道如何处理；营销人员只是将客户口头告诉他们的订单需求转达给生产管理人员，并没有进行证实和信息筛选，导致很多信息不够准确；营销人员除了在生产部门没有准时交货的时候才会了解订单生产的情况，其他时间对生产情况根本不了解，他们在承诺客户什么时候交货时全靠经验。

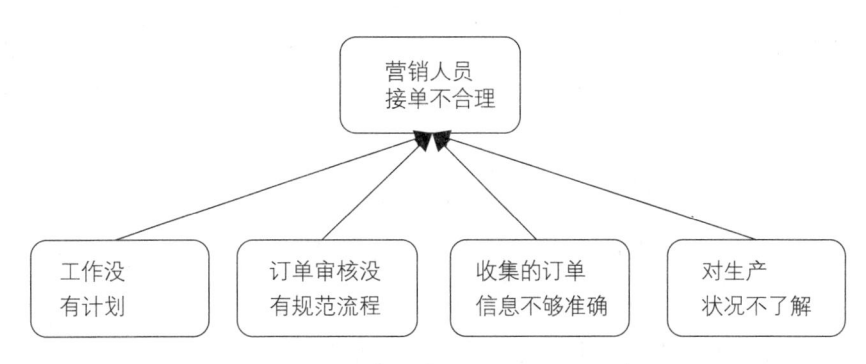

```
          营销人员
          接单不合理
         ↗  ↑  ↑  ↖
工作没    订单审核没   收集的订单   对生产
有计划    有规范流程   信息不够准确  状况不了解
```

图 3-5　营销人员接单不合理的原因分析

我们通过信息整理后发现了造成这家企业准交率低的原因是什么，如图 3-6 所示。接下来，我们将这些信息串联起来，对造成不良效应的问题进行逐一处理，从而提高企业的准交率。

高效决策与自运营

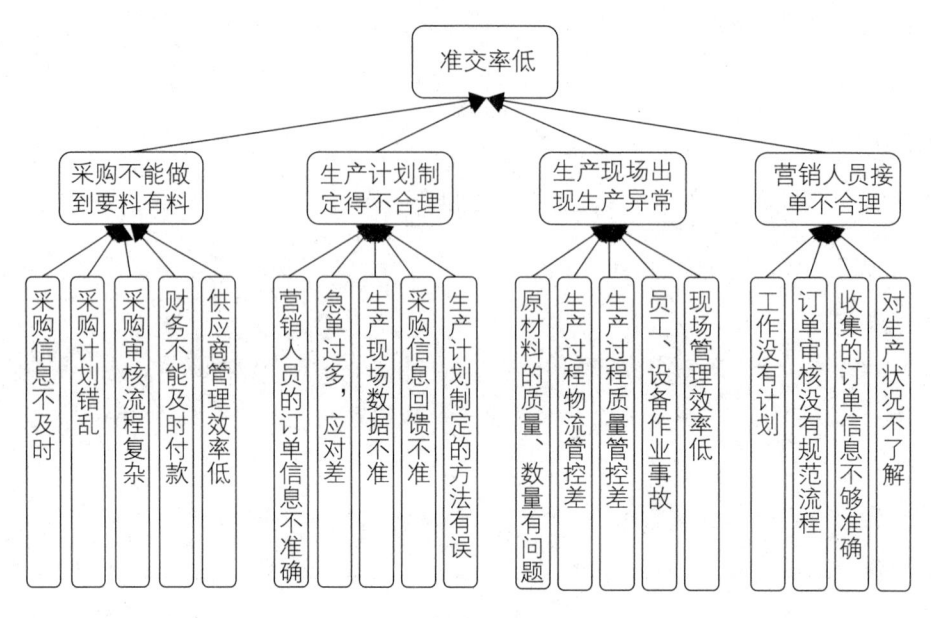

图 3-6　准交率低的原因汇总

准交率低的原因汇总包含四大方面：

- **采购不能做到要料有料**：采购信息不及时、采购计划错乱、采购审核流程复杂、财务不能及时付款、供应商管理效率低
- **生产计划制定得不合理**：营销人员的订单信息不准确、急单过多应对差、生产现场数据不准、采购信息反馈不准、生产计划制定的方法有误
- **生产现场出现生产异常**：原材料的质量、数量有问题、生产过程物流管控差、生产过程质量管控差、员工、设备作业事故、现场管理效率低
- **营销人员接单不合理**：工作没有计划、订单审核没有规范流程、收集的订单信息不够准确、对生产状况不了解

通过这样的充分必要条件分析，我们就可以找到问题的所在，然后，我们对问题资源进行改善，这样一来，问题就得到解决了。这部分内容，我们主要是讲思考问题的方法，所以，对于这家企业究竟采用什么样的改善方案在这里就不做详细的讲解了。值得一提的是，我们在寻找问题发生的原因的过程中，是以充分必要条件进行的，那么，解决问题的时候自然也要以充分必要条件的逻辑方式进行。

（三）寻找问题错误的前提假设

1. 对判定结果进行充分必要条件的前提条件推断

其实，对于那些有企业管理经验的人来讲，他们在进行管理判断的时候，也一定会分析其具体条件；他们给出的决策结果也是建立在他们所知道的前提条件的基础上。可见，人们得出一个结果的过程，就是思考充分必要条件的过程。如果我们用于参考的条件是正确的，那么，我们得出的结果也是正确的；如果我们用于参考的条件是错误的，那么，我们得出的结果也是错误的。

案例分享 27：我要搞自动化

在江苏无锡有一家做汽车配件生产的企业，由于现在汽车生产企业的利润逐渐降低，客户对他们的产品价格也是一降再降，导致他们的利润不断地在缩减。他们一直都在思考如何突破这个经营困境，于是，我有幸被邀请到这家企业进行调研诊断。这家企业的老板希望我能够帮助他的企业进行自动化的改造，以降低他们的人工成本，提升他们的生产效率。他还告诉我，他们对面的那家电子企业通过更换自动化设备，现在经营状况很好。

我对这家企业的老板的决策进行了充分必要条件分析，如图 3-7 所示。

```
┌──────────────┐    ┌──────────────┐    ┌──────────────┐
│  可以降低成本  │    │ 可以提升生产效率│    │  受社会宣传影响 │
└──────┬───────┘    └──────┬───────┘    └──────┬───────┘
       │                   │                   │
       └───────────────┐   ▼   ┌───────────────┘
                     ┌─┴───────┴─┐
                     │机械设备自动化改造│
                     └───────────┘
```

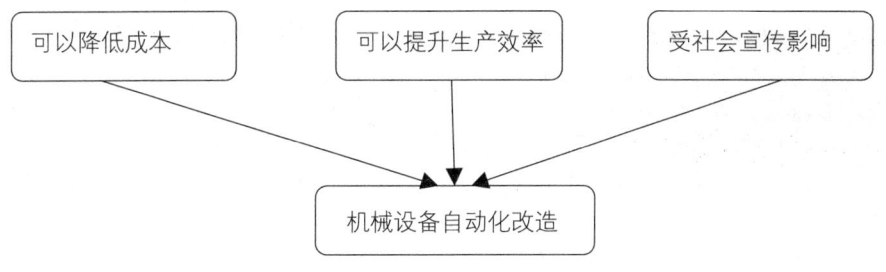

图 3-7　某企业老板的决策缘由

这位企业的老板做出设备自动化升级的出发点是：①可以降低成本；②可以提升生产效率；③受社会宣传影响。这个老板看到了对面企业通过自动化改造的成功，希望能够效仿，再加上社会上对自动化的宣传对他的影响很大。通过这些他认为确切的前提条件，他非常坚信自己的企业要想改变现状，就必须进行自动化改造。我对他决策的前提条件进行了一一分析。

这位老板认为减低成本是解决当前困境的最佳方法，但他们的产品价格只有国外同等产品的 1/4，这是因为他的客户生产的汽车价格极低。所以，问题不在于成本的降低，而是他们产品的销售价格太低了。

造成生产效率低有很多的原因，其中，生产管理水平低、生产过程中的质量管控差等都会造成生产效率低。不是任何企业都适合自动化生产的。他们是一家小型企业，他们的订单特点是小批量、多品种，自动化生产在他们的企业里根本发挥不了作用，甚至会降低他们的生产效率。他们对面的那家企业对设备进行了自动化的改造，但人家的自动化设备已经很普及，在社会

高效决策与自运营

上很容易购买到；而他们需要自己进行设计。他们的企业规模并不大，这样做真是得不偿失。

经过分析，我们可以得出结论：这位老板做出该项决策的所有前提假设都是错误的，所以，他的决策也是错误的。其实，他们的问题不是购买什么设备，而是对企业的管理系统进行升级，严把质量关。只要让那些大的汽车生产企业看到希望，没有人愿意多花三倍的钱购买配件的，这些企业自然会与他们进行长期合作。

2. 错误的前提假设，会导致无法实现目标结果

通过我的开导，上面案例中这家企业的老板终于对他的自动化改造方案动摇了，认可了我的看法。他思考了一会儿，告诉我：他要搞汽车生产企业最崇拜的管理方式——精益生产，而且，他们现在已经开始着手做了，目前来看，效果还不错。我要求他带我们到生产现场去参观，让他介绍一下哪些地方进行了精益生产管理的改善。结果，我们在生产现场除了看到一些标语以外什么都没有看到。

我们针对这家企业作出的新决策进行充分必要条件分析，见图3-8。

```
┌──────────────┐   ┌──────────────┐   ┌──────────────┐
│ 可以提升生产效率 │   │  提升企业形象  │   │  受社会宣传影响 │
└──────┬───────┘   └──────┬───────┘   └──────┬───────┘
       │                  │                   │
       └──────────────┐   │   ┌───────────────┘
                      ▼   ▼   ▼
                 ┌──────────────────┐
                 │  企业进行精益生产导入  │
                 └──────────────────┘
```

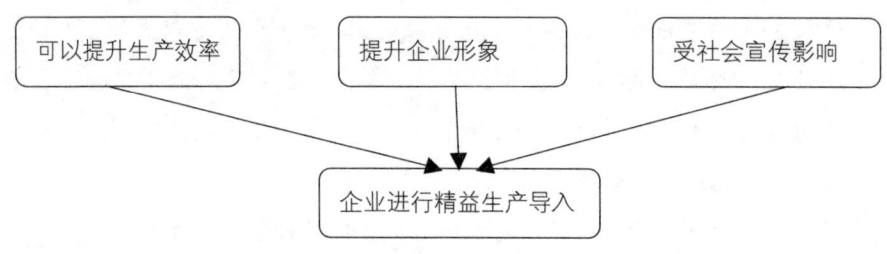

图3-8　某企业导入精益生产的缘由

因为这是一家小型企业，他们的订单种类多、批量少，而且，急单多。该企业的老板希望通过精益生产管理方法来应对这种情况，他知道精益生产用来进行这类的生产管理效率最高。同时，精益生产也是很多汽车生产企业一直都希望成功导入的生产管理模式之一，如果他的企业导入了这种模式，可以提升企业在客户眼中的形象。此外，社会上对于精益生产方面的宣传推广活动较多，他从中也受到了影响。

140

这位老板这次决策的前提条件都是正确的，但其中有一个错误的假设前提，那就是他们的企业现阶段的管理水平可以完成精益生产的导入。实际上，这家企业的基础管理水平很低。例如，没有人力资源管理系统，没有标准化管理系统，没有科学的流程管理系统等，他们依然是简单的人治管理。这样的企业导入精益生产管理只能是徒增烦恼而已。

我给案例中这位老板的建议是进行基础管理体系的完善；然后，导入一些基础的IE管理；最后，再逐渐地进行精益生产管理模式的导入。他听了我的详细讲解后，又经过深思熟虑，最终接受了我提的建议。

3. 前提假设错误的一个重要原因是，对经营现状分析得不够清楚

案例分享 28：多元化可以规避风险

有一家企业一共有三个分公司。他们开设的第一家分公司是生产微粉的企业。我们知道这个行业的技术含量比较低。该公司建立之后不久就赶上了行业发展的鼎盛时期，他们生产的产品是一种原材料，市场对其的需求不断增加，公司的利润也在不断增加。后来，该行业的利润开始下滑，由于市场需求本身就很大，所以，该公司的经营状况依然很好，只是比过去差了一些而已。由于他们在公司发展的前期赚到了一些资金，也拥有了一些社会资源，于是，他们按照多元化发展的思路，又建立了钢管、铜管生产公司，也就是他们的第二家公司。由于这类企业在设备、厂房、原材料上面的投资都比较大，所以，他们一下子把所有的钱都投了进去。由于他们的客户中有一部分是生产电动车轴承的企业，再加上那个时候正是电动车发展最快的时期，于是，他们又贷款投资了一家电动车轴承生产公司。这样一来，企业在短时间里新建了两家分公司。

我们对这家企业的战略决策进行充分必要条件分析，如图3-9所示。

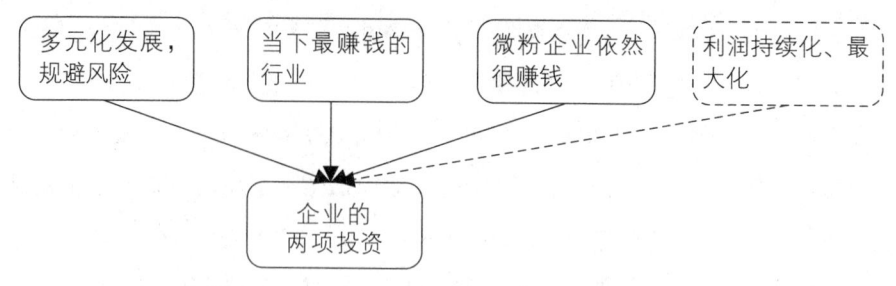

```
┌─────────┐   ┌─────────┐   ┌─────────┐   ┌─────────┐
│多元化发展,│   │当下最赚钱的│   │微粉企业依然│   │利润持续化、最│
│ 规避风险 │   │  行业   │   │  很赚钱  │   │  大化   │
└────┬────┘   └────┬────┘   └────┬────┘   └────┬────┘
     │             │             │              │
     ▼             ▼             ▼              ▼
            ┌──────────┐
            │  企业的   │
            │ 两项投资  │
            └──────────┘
```

图 3-9　某企业两项投资的充分必要条件分析

上面案例中这家企业是我见过的最不重视管理的企业之一。他们的每一家分公司的规模都不大，名义上是三家分公司，其实就是三个车间而已，每一家分公司在同行业中的规模都是属于较小的那种。他们的管理更简单，生产管理工作都是由生产现场的一个厂长完成的，整个企业没有几个脱产管理人员，很多管理工作都是临时分配。

这家企业的老板有两个，一个是企业创始人，另一个是企业创始人的儿子。很多时候，大家都不知道该听谁的了。这家企业对多元化的理解是完全正确的，但他们在投资的过程中忽略了"利润持续化和最大化"这个关键的前提条件。也就是说，他们的决策条件是必要条件但不是充分条件。

我们可以看到这家企业的投资主要还是集中在基础低端产业，他们根本没有对产业进行升级，不升级就无法顺应市场的发展需要。由于该企业没有那么大的财力和人力来进行升级，导致他们投资的三家分公司都处于行业的最低端。一旦行业发展出现问题，第一个影响到的就是他们。本来所谓的多元化发展就是当一家公司处于困境的时候，其他公司赚到的钱可以用于缓解生存压力。这家企业投资的三家分公司恐怕不会出现这种情况，这三家分公司的业绩会同时下滑，到那时他们该救哪一家呢？用什么来救呢？所以，多元化的发展模式是好的，但他们还不具备实现多元化发展的条件。

上面案例中的这家企业不重视管理，光靠对厂房和设备的投资是很难被市场认可的。我给他们的建议是有重点地进行产业升级。首先，完善管理系统，创造企业升级的发展环境；然后，选择一家发展潜力最大的分公司，进行重点改善升级等。

通过上述案例，我们了解到了充分必要条件的分析方法，其重点不在于你是否能够想到那些前提条件，而在于你的前提假设是否正确，你所找到的必要条件是否充分。企业管理人员在遇到重大决策的时候，可以通过在纸上简单绘制充分必要条件分析图的方法帮助自己决策。当你对这套方法完全熟练了以后，你一定能够成为一个高水平的企业管理人员。

第三节　冲突图

利用冲突图进行逻辑思维是在熟练掌握"充分必要条件分析法"的基础上再升一级的思维分析方法，在学习该思维方法的时候先要弄明白"充分必要条件分析法"。我们在经营管理的过程中一定会遇到决策有冲突的情况，尤其会遇到两个决策都有利于目标结果的实现。那么，我们将如何化解这样的冲突，让管理工作更加高效呢？

很多时候，为了实现同一个目标，我们需要满足不同的充分必要条件。在完成这些充分必要条件的时候，我们会发现行动中出现了冲突，如何正确地解决这些冲突，往往是达成目标非常关键的因素。很多人在进行抉择的时候完全依靠感觉和经验，这样只能是增加解决问题的难度。

对于上面的文字描述，有些人可能会感到迷惑。那么，我通过一个实际的例子来进行讲解。例如，要想让刚毕业的大学生有幸福感，就必须具备以下的条件：一是物质条件的满足，即衣、食、住、行等；二是对发展变化的满足；三是精神上的满足，要让他们有成就感，得到他人和社会的认同；四是安全感的满足，让他们有安全，不会为了未来而担忧。如图3-10所示。

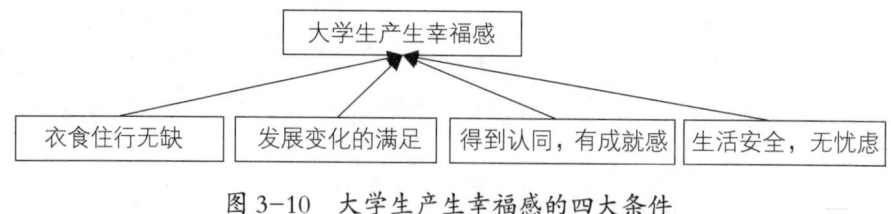

图3-10　大学生产生幸福感的四大条件

我们在实现这四个条件的时候发现它们之间有冲突。为了解决这些冲突，我们就需要绘制冲突图，那么，如何绘制冲突图呢？为了实现目标，我们需要满足以下充分必要条件，如何实现这些充分必要条件呢？那就是采取相应的行动。往往在采取行动的过去中，我们会发现冲突出现了。这个冲突就是决定目标能否实现的关键,它不仅影响着实现目标的整个过程,影响着事情的发展方向,也会形成一系列的新问题、新阻力。

假设,A、B分别是实现某个目标的必要条件,只要实现了A、B,就能够实现目标,这时的A和B统称为目标的充分条件。如图3-11所示。

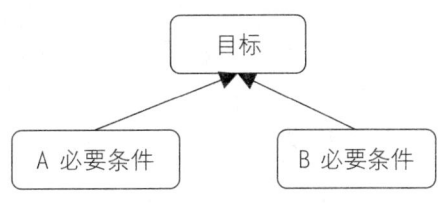

图3-11 目标的两个充分条件

假设,根据上述的逻辑关系,我们了解了A、B两个必要条件对于共同目标的作用,接下来,当我们需要分别对各个条件采取行动时出现了冲突对立。如图3-12所示。

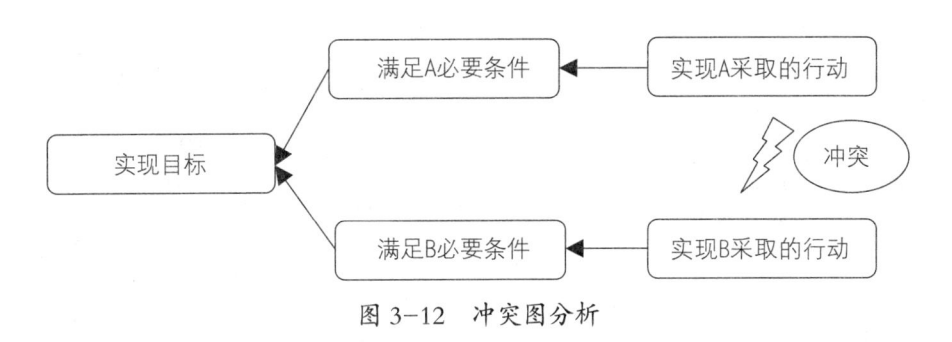

图3-12 冲突图分析

接下来,我们根据毕业大学生的例子来进行冲突图分析。在绘制冲突图的时候,我们要了解这些条件有一个共同的目标,这个是绘制冲突图的核心。

如图3-13所示,当我们要实现发展变化这个结果的时候,就需要对现状进行改变。对于一名刚步入社会的大学生而言,他希望得到生活上的完全无忧,这是情理之中的事情。但是,要想实现这个目标,最好的方法就是不要改变现状,因为改变一般都会带来很多不确定的事,这些不确定就有可能伤害到自己,由此产生了冲突。

145

```
┌─────────────┐      ┌──────────────┐
│对发展变化的满足│◄─────│对现状进行改变 │
└─────────────┘      └──────────────┘
      ▲                     ⚡ 冲突
┌──────────┐
│大学生产生幸福感│
└──────────┘
      ▼
┌─────────────┐      ┌──────────────┐
│生活安全，无忧虑│◄─────│对现状保持不变 │
└─────────────┘      └──────────────┘
```

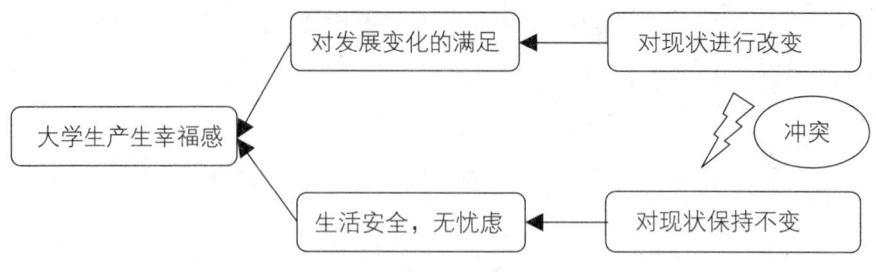

图 3-13 大学生产生幸福感的冲突图分析

一、冲突图绘制分析方法

在现实的企业管理工作中，我们经常会遇到一些决策或事情会发生冲突的情况。通常，我们解决这类问题的时候是采取放弃某一项，而选择自己认为相对重要的那一项。但这样的选择不一定正确。现在，我们通过系统的讲解教大家一种新的逻辑思维方法，帮助我们做出最高效的决策。

（一）是否有充分必要条件

当我们对一个问题进行决策的时候，先不要忙于作选择。首先，我们要分析决策的最终目标是什么，我们所做的决策是否是达成这件事情的充分必要条件，如果不是充分必要条件，那么，就说明我们的决策是多余的。这时，我们需要寻找到我们决策所要达到的目标是什么，然后选择正确的充分必要条件。很多管理者不愿意花费时间进行这样的简单分析。尤其当他们遇到重大事情的时候，多半通过开会的方式来进行分析。但这个时候，即使他们的会议开得很成功，也只是采取头脑风暴的方法来进行讨论，很难将问题分析到位。所以，建议企业在进行决策的时候一定要静下心来，进行充分必要条件分析。下面，我通过一个案例，来告诉大家一个错误的决策是如何被当作真理来组织实施的。

案例分享29：导入精益生产管理模式

在江苏常州有一家做摩托车、电动车零件生产的企业，他们生产的是一些低端的机构件。由于该企业是国内某家大型摩托车生产企业最为看重的零配件供应商，所以，当这家大型摩托车生产企业导入精益生产的同时，也要求作为核心供应商的他们导入该种管理模式。当时，我们的咨询团队正帮助这家企业进行 TOC 生产管理改善，这家企业的总经理找到了我们，问我们精益生产和 TOC 有没有冲突，他们现在必须做精益生产改善。我们说，精益生产追求的是生产效率的提升，而 TOC 追求的赚钱效率的提升，但很多时候它们是不冲突的。总经理又问我精益生产到底是什么？我给他做了简单的介绍。总经理于是请我帮他对生产线进行精益生产改善，只要客户审核过关就可以了。从总经理的决策中，我能够看出他很犹豫，但迫于客户的压力，没有办法自己抉择。紧接着，我根据他们企业的经营状况告诉他一个事实：精益生产本身是可以提升生产效率的，但对于他们的企业来讲，会降低 30% 以上的产能，因为精益生产的现场布局以及现场管理对企业的管理能力的要求极高。如果他们的管理水平达不到，他们的产能不仅无法提升，相反，还会受到影响，而且，生产现场会出现混乱。这时，这位总经理开始犹豫了，他思考了几分钟后依然决定进行精益生产改善。下面，我把他此时的决策冲突图绘制出来，如图 3-14 所示。

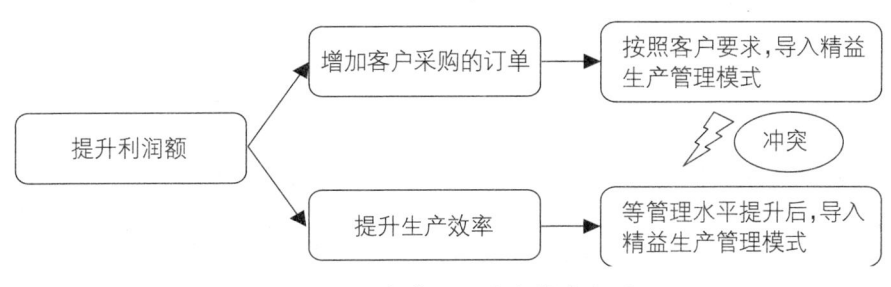

图 3-14 某总经理的决策冲突图

面对这样的决策冲突，很多人都是进行简单的取舍，哪个是当前利益所需要的，就选择哪一个决策，这就是很多企业遇到的经营困境——都是由自己一次次的决策所致的。错误的决策就标志着方向的错误，即使企业的经营效率再高都无济于事。

选择淘汰式的决策，将问题简单化的同时也将问题复杂化。简单是指决策过程简单，只做取舍选择即可，而带来的结果是将问题复杂化了。就上述这个案例来讲，该企业导入精益生产管理模式本来是一种企业管理的升级，是一件好事情。但是，根据企业的现状，跨越式的导入会将企业的很多问题都在短时间内全部爆发出来。如果企业这个时候解决问题的能力

147

不够，就会产生很多连锁效应，产生很多奇怪的问题。这个时候，企业等于没有解决问题，反而将问题扩大了，增加了很多问题，造成人们无法分辨哪个是关键问题，哪个是次要问题。人们只能是拼命地去"救火"，不断地将问题掩盖和创造出更多的问题。造成这样的结果，其主要原因就是企业在决策的时候没有分辨清楚必要条件是否充分。只有在必要条件十分充分的情况下决策才能准确，否则，决策就是错误的。

对于上面案例中这家企业而言，导入精益生产管理模式肯定是要做的事情，因为客户有这样的强烈要求；同时，企业也需要进行一次管理升级，将企业的一些问题暴露出来，然后进行持续改善，从而提升企业的生产效率。提升生产效率就一定不能够导入精益生产吗？这个逻辑本身就是一个不充分的必要条件，对于企业的现状来讲，是会带来这样的效果。但是，如果企业能够通过导入精益生产来暴露自身的问题，从而提升管理水平，那么，也一定会提升生产效率的。所以，这里还缺乏一个条件，那就是企业要持续改善，而不是一步到位式的改善。如图3-15所示。

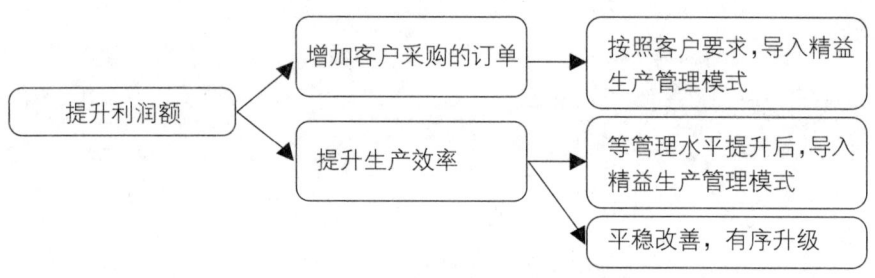

图3-15 导入精益生产管理模式的冲突图1

我们将这个冲突图进行重新整理后就变成为图3-16所示的样子。

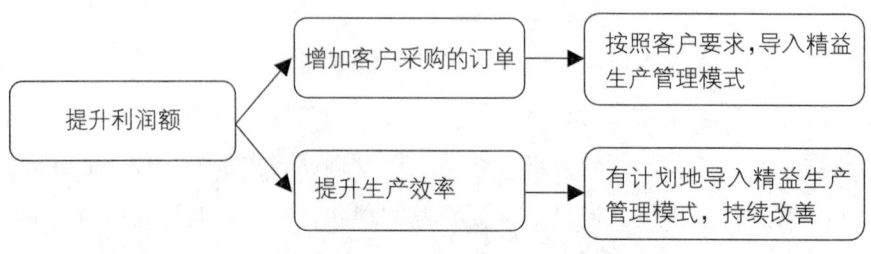

图3-16 导入精益生产管理模式的决策冲突图2

这个时候，我们就会发现，本来冲突的两个行动就变得不冲突了，问题也就被解决了。企业实际的管理过程中，这样的问题会有很多，我们在决策的过程中先不要忙于作选择，可以对问题本身采取的行动进行充分必要条件分析。如果行动本身是很偏激的，那么，决策结果就很难保证不偏激。我们只有在大脑中绘制出正确的冲突图，才能够作出正确的决策。

（二）是否有完整的因果逻辑

作决策最忌讳的就是根据自己的主观经验盲目地下结论，而忽略了事情具体产生的原因。一个结果的产生一定是有原因的，我们不能够主观地根据道德、经验、规章制度等来评定这样做是错误的，这样反而会将问题掩盖，使问题得不到解决。例如，很多管理人员一般将问题的出现都归罪于执行力和责任心上，这样对大多数问题的解决是不利的。

案例分享30：什么是执行力

在山东德州有一家生产汽车配件的企业一直处于亏损状态，一直都靠集团的扶持维持经营。他们集团已经有将该企业关闭的想法，他们必须做出成绩来。否则，该企业确实也没有继续经营下去的必要了。这家企业的经理说他们的执行力很差，导致很多产品不能够准时交货，而且，质量也不稳定。我们在对该企业进行系统调研的过程中，开了一次调研结果讨论会。在讨论会上，不论是企业的高管还是中基层的管理人员，他们都埋怨其他部门的办事效率低，而且，员工的看法也不统一。有人认为员工的执行力差是因为工作激情和责任心不够；有人认为是员工在企业的幸福感很差，员工和企业有怨恨；有人认为工作压力太大，企业对员工只知道罚钱等。这个时候，冲突就出现了。如图3-17所示。

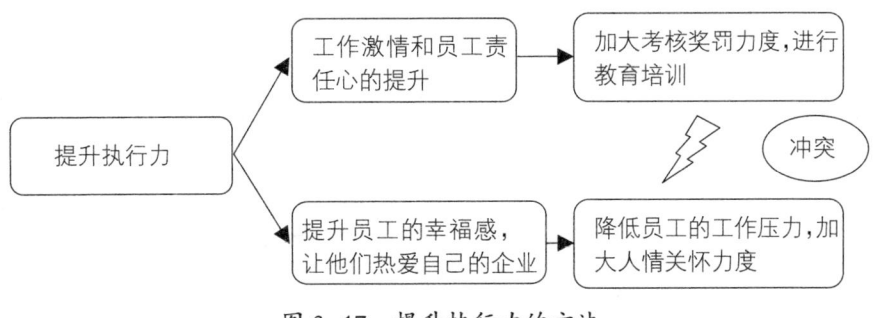

图3-17 提升执行力的方法

那么，这家企业执行力差的原因是什么呢？我们应该如何解决？首先，一个企业从接订单到给客户提供服务的整个过程中，有很多工作需要完成，而这些工作往往需要不同部门的配合。所以，企业会建立相应的部门，同时，在各个部门中建立了相应的岗位。那么，为什么各个部门和岗位的工作效率却很低呢？首要的问题就是我们在进行工作内容划分的时候是否合理。也就是说，这个工作是不是这个部门的，是不是某个岗位的。一旦出现不知道是归谁负责的时候，只是靠大家的责任心是很难将工作做好的。如果管理人员强制将一个工作归给某个人来完成，这样做也只能是暂时解决了问题，但会让员工以后见到问题先想办法如何躲避。

企业要想提升整体的执行力，首先要解决的是将企业的工作科学地划分给每一个部门或每一个人，这样就解决了这个工作是不是我的工作的问题。

当员工得到了一项工作后，他应该知道如何做，但有些员工确实不知道如何做。这个时候，企业就需要教给员工每一项工作应该如何做，而不是一味地评判考核，这就是为什么一个高效的企业有严谨的员工培训机制，有科学的工作流程的一个主要原因了。

当上面的两个问题都解决了，接下来，就要解决员工愿不愿意做的问题。有些员工是有能力将问题解决好的，但他不愿意将工作做好，这个就需要企业建立一个公平、合理的考核制度。所以，员工执行力的提升不是简单的责任心和工作激情的提升。员工执行力的提升主要解决以下三个问题：1. 是不是？ 2. 愿不愿意？ 3. 能不能？如图3-18所示。

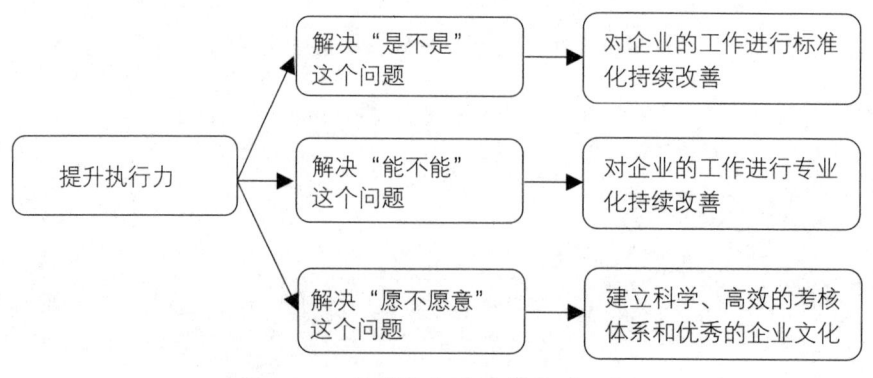

图3-18 提升执行力要解决的问题

在上述案例中，我们可以发现，企业认为导致执行力差是由于员工的责任心及工作激情差，以及员工和企业之间感情不够造成的。如果我们按照这个思路来进行分析和解决的话，恐怕问题是很难被处理了。一般的企业能够将人管理好已经很难了，将人培养成为企业需要的理想中的员工就更难了。我们发现之前寻找到的影响执行力的问题本身就找错了，我们所找的问题只是表面现象。换句话讲，它是企业管理效率低造成的一些负面效应，根本不是提升执行力的充分必要条件。这个时候，我们就需要通过本书前面所讲的因果分析法，寻找到正确的充分必要条件。按照正确的充分必要条件，企业就可以进行系统的持续改善，企业的执行力从而才有改变的机会。

二、化解冲突的三大方法

当企业的现状图绘制完成后，我们接下来就要对企业存在的核心冲突进行化解。在上面的案例分享中，我们简单地讲解了一种化解方法，这里我们详细讲解冲突图的另外三种化解方法,我们称这套方法为"冲突化解三原则"。第一个原则：遵循 TOC 四观；第二个原则：三问前提假设；第三个原则：自我尊重双赢。

（一）第一个原则：遵循 TOC 四观

我们在前文结合案例已经讲过了 TOC 的四观,这里就不再详细地讲解了。当我们遇到一个需要解决的冲突图的时候，首先要分析冲突图，看互相冲突的两个需求是否满足"企业运营四观"的要求，不满足的那一项就是我们要改善和改正的对象。四观分别是：全局观、有效产出观、逻辑观、动态调整观。

"案例分享 26"里的企业的核心冲突图就违反了四观中的全局观和有效产出观。核心冲突图如图 3-19 所示。

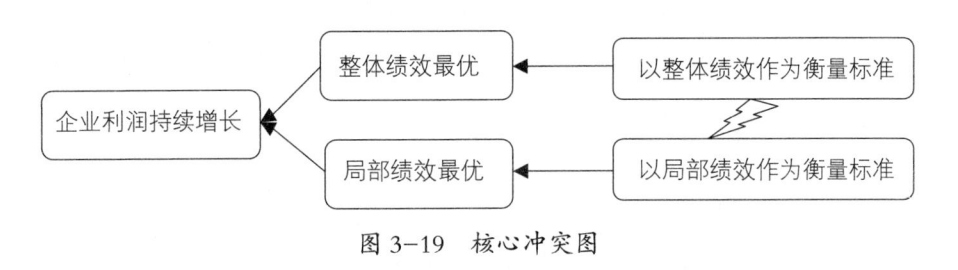

图 3-19 核心冲突图

我们通过第一个原则就已经将问题解决了，那么，接下来的两个原则就不需要继续进行分析了。

（二）第二个原则：三问前提假设

当我们对冲突图按照"冲突化解三原则"的第一个原则进行化解无效的时候，我们就应该按照第二个原则进行化解。冲突图的组成包括三部分（如图 3-20 所示）：第一部分是目标，就是图 3-20 左边的第一个方框；第二部分是需求或必要条件，就是图 3-20 中间的两个方框；第三部分是行动（为了实现需求而采取的行动），就是图 3-20 右边的两个方框。

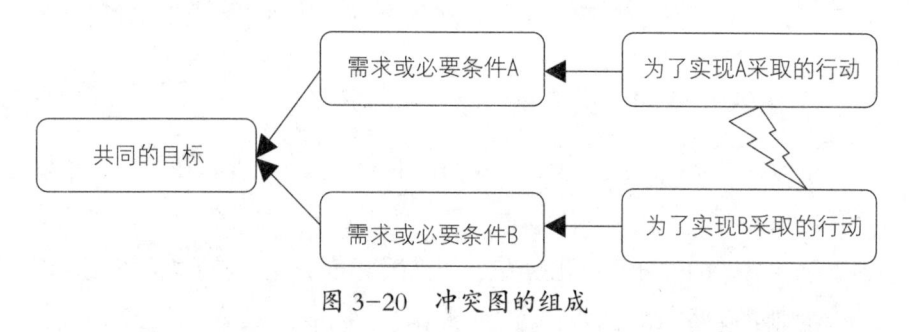

图 3-20 冲突图的组成

在我们为了实现一个目标而采取行动之前，我们会考虑好为了实现这个目标要完成哪些事情。只有当这些事情实现了以后，我们才能实现我们的目标。就像我在前文所讲的例子，我们要想实现点火这个目标，首先，我们要找到可燃物；然后，必须有氧气；最后，当我们将可燃物加热到燃点后，火就产生了，如图 3-21 所示。这些要完成的事情就是达到目标的需求或必要条件。总之，行动是由需求或必要条件所决定的，有什么样的需求或必要条件就会产生什么样的行动。所以，化解行动中的矛盾，非常重要的一步就是对需求或必要条件进行重新思考，要在心里不断地提问，确定我们是需要这样的需求吗？如果没有这样的需求，我们就无法实现目标了吗？

图 3-21 火燃烧起来应具备的三要素

案例分享 31：是照明还是取暖

一个矿石勘探队在对一座大山进行勘探的时候，突然刮起了大风，他们在躲避大风的过程中发现了一个山洞，好奇心促使他们都进入了这个山洞。当他们在山洞中欣赏大自然的神奇的时候，突然间洞口垮塌，将洞口封住了。这时，他们打开了手里唯一的一个手电筒。时间一分一秒地过去了，他们一直在讨论如何走出这个山洞。就在这时，他们发现手电筒快没有电了。有人要求点起火堆，也有人激烈地反对。反对的人说出了不点火的理由：在山洞中空气比较稀薄，在不知道是否有外来空气补充的情况点起火堆，只能消耗大量的氧气，如同在封闭的房间里烧炭。冲突图如图 3-22 所示。

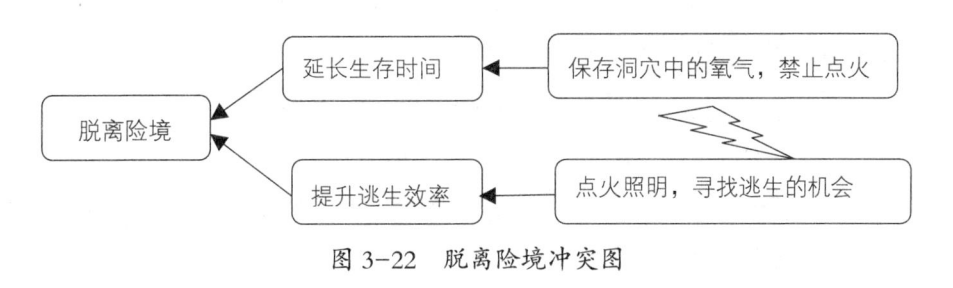

图 3-22　脱离险境冲突图

我们知道四观是针对企业的经营提出的，所以，对生活中的事情用四观就无法化解冲突了。这里我们按照"冲突化解三原则"的第二个原则，对必要条件的假设前提条件进行分析。如果我们发现前提条件是错误的，就可以采用新的需求或必要条件。如果假设前提没有错误，我们就回答接下来的三个问题，通过这三个问题来化解冲突。第一问，两个需求同样重要吗？第二问，可以降低两个需求的标准吗？第三问，可以将冲突点作为问题的解决对象吗？

回答第一问：对于延长生存时间和提升逃生效率来讲，两个需求都是非常重要的，我们无法分辨出哪个更为重要，哪个相对不重要。这两个需求条件偏向于一个而放弃另一个都是不正确的，所以，都不可以走入极端。也就是说，上述两方的想法都是不正确的，他们走入了极端。

回答第二问：对于这两个需求，是否可以降低其标准？当标准是百分之百要完成的话，我们就只有按照第三问去做了。这一问就是要找到需求标准的最佳合理点。

回答第三问：我们知道整个冲突的冲突点就是空间的狭小，导致氧气的不足。那么，我们就可以将解决氧气不足作为新的解决问题，当这个问题解决了，冲突也就不存在了。这个勘探小组所在的空间很小，导致他们脱离困境的最佳出路就是洞口，他们现在只需要先利用工具在洞口开一个小口，从外边能够补充进氧气。接下来，在这个小口的基础上不断扩大，这样一来，不仅有氧气了，同时也有希望了。

（三）第三个原则：尊重——双赢

当冲突图解决到第三个原则的时候，一定在冲突图中有一个需求是我们自己所坚持的，而有另一个需求是被别人所坚持的。这时，作为解决问题的双方或者说是冲突双方，我们采用"尊重——双赢"的方法进行化解。"尊重——双赢"的第一步是自我，第二步是尊重，第三步是双赢。

第一步是：自我。为什么为了实现 A 采取的行动就不能满足需求或者必要条件 B？难道真的就找不出完成实现 A 采取的行动的同时也满足需求或者必要条件 B 的方法吗？如图 3-23 所示。

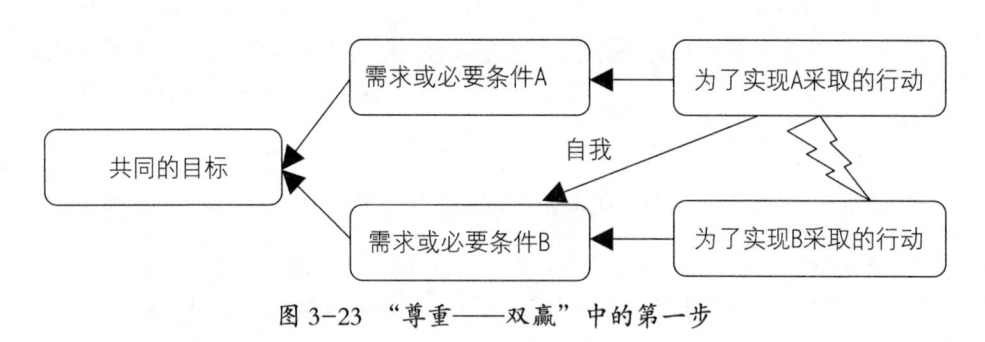

图 3-23 "尊重——双赢"中的第一步

第二步是：尊重。为什么为了实现 A 采取的行动就不能满足需求或必要条件 B？难道真的就找不出完成实现 A 采取的行动的同时也满足需求或者必要条件 B 的方法吗？如图 3-24 所示。

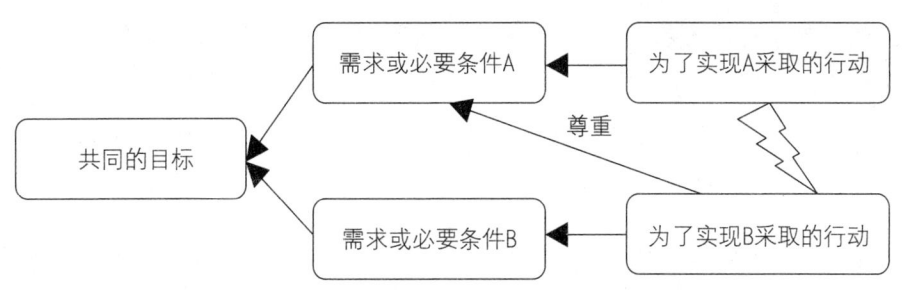

图 3-24 "尊重——双赢"中的第二步

第三步是：双赢，如图 3-25 所示。

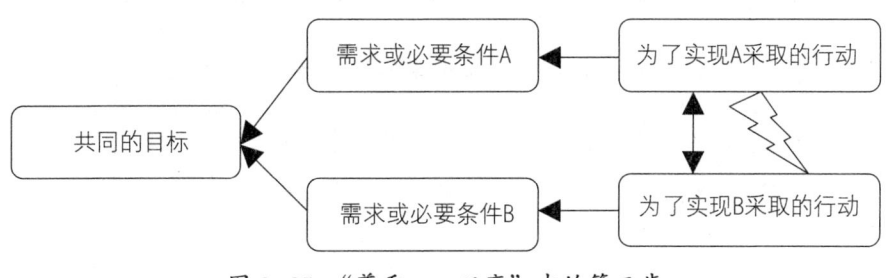

图 3-25 "尊重——双赢"中的第三步

"实现 A 采取的行动"和"实现 B 采取的行动"在什么情况下会产生对立？难道找不出"实现 A 采取的行动"和"实现 B 采取的行动"可以一起进行的条件吗？

案例分享 32：是保持现状，还是改变现状

在广东佛山有一家制造汽车空调零配件的企业，他们在零配件代工企业中算得上是数一数二的企业，他们每年的代工收入达到一亿多元。在这种大好前景下，企业的董事长李先生和高管开会，希望自己独立生产汽车空调设备。在会议上产生了两种截然不同的意见，于是，矛盾冲突就产生了。

董事长认为企业在不断壮大，对于一个规模已经达到五千多人的企业来讲，利润的最大化和持续化是企业下一步的重点发展战略。要想提升企业的生命力，提升企业的生存空间，提升生产产品的技术水平，提升品牌价值，就必须有自己的产品而不是依附别的企业生存。而且，企业完全有能力独立完成产品的生产。一直跟随企业创始人闯天下的总经理却提出了不同的意见，

他认为现在行业发展势头不错，企业在行业中的地位也很牢固，上游企业是不会减少订单量的，企业这样继续经营下去，既可以继续扩大产能，从而增加收入，又可以避免风险，何乐而不为呢！该企业的冲突图如图3-26所示。

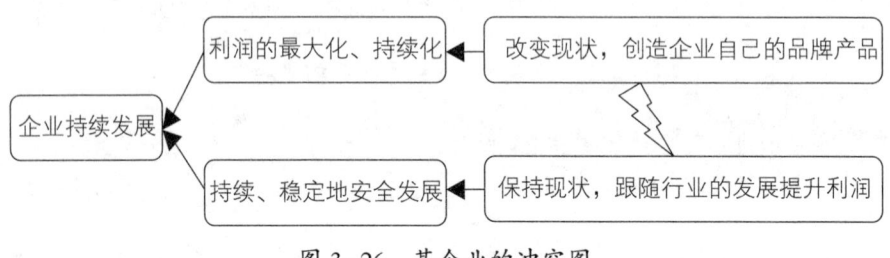

图3-26　某企业的冲突图

从图3-26中我们会发现，"改变现状，创造企业自己的品牌产品"和"保持现状，跟随行业的发展提升利润"从表面上看是两个完全冲突的行动，一个是要改变现状，一个是要保持现状。实际上，二者是没有矛盾冲突的，改变现状是对现状的改变，而保持现状是对过去成绩的保持。当企业一旦创造了自己的品牌，势必影响到代工订单的量，但通过自己的品牌赚到的钱是完全可以抵消掉这部分的损失的。所以，不会出现另一方所担心的那种不利的结果，完全是可以同时进行"改变现状，创造企业自己的品牌产品"和"保持现状，跟随行业的发展提升利润"。为保险起见，该企业可以重新申请注册一家公司，建立独立的厂房和生产线，用来专门生产自行设计的产品，而原厂还是完全接代工订单。

解决冲突的最佳方法就是寻找双方的双赢点，通过双赢的实力来解决问题，这样做不仅双方的需求都能得到满足，同时也将分歧变成了合作。这样做才能让企业的执行力、凝聚力在遇到问题的时候不会受到影响，反而得到加固。

为什么很多看着很简单的问题，在企业中却很难解决？为什么当企业做得越来越大的时候，很多本来看着很简单的问题，解决起来却很难？这就是因为冲突的存在，一旦人们遇到冲突后不能够采取正确的方法进行化解，接下来，问题就会变得更加严重。本来一件小事情就会被演化成为很大很重要的事情，这就是很多管理人员看着很忙但工作效率并不高的主要原因之一。因为大家在忙碌中并没有解决问题，而是滋生出更多的问题和工作。解决问题是将问题简单化，然后解决掉，而我们很多时候是将问题给复杂化了。

图书在版编目（CIP）数据

高效决策与自运营/仲杰著．－－北京：企业管理出版社，2017.6

ISBN 978-7-5164-1456-9

Ⅰ．①高… Ⅱ．①仲… Ⅲ．①企业管理－运营管理 Ⅳ．① F273

中国版本图书馆 CIP 数据核字 (2017) 第 005898 号

书　　　名：	高效决策与自运营
作　　　者：	仲　杰
责任编辑：	宋可力
书　　　号：	ISBN 978-7-5164-1456-9
出版发行：	企业管理出版社
地　　　址：	北京市海淀区紫竹院南路17号　邮编：100048
网　　　址：	http：//www.emph.cn
电　　　话：	编辑部（010）68416775　发行部（010）68701816
	总编室（010）68701719
电子信箱：	qygl002@sina.com
印　　　刷：	中煤（北京）印务有限公司
经　　　销：	新华书店
规　　　格：	710mm×1000mm　1/16　10.5印张　161千字
版　　　次：	2017年6月第1版　2017年6月第1次印刷
定　　　价：	39.80元

版权所有　翻印必究·印装有误　负责调换